认知未来的自己
管理当下的关系

杨晓燕 著

四川文艺出版社

果麦文化　出品

张维迎 序

智慧来自自己的经验

杨晓燕是我曾经的同事。

1999 年初，我被任命为北京大学光华管理学院第一副院长，主持学院的日常工作。当年我做的最重要的一件事情是从香港邀请项兵教授，创办了光华管理学院 EMBA 项目，由此开创了中国大学的 EMBA 教育。当时，诺基亚中国公司想为它的客户——中国电信行业培养高层管理者，正在寻找合适的合作伙伴，我们把这事搞定了，这就有了光华 EMBA 项目的第一个班——诺基亚班。晓燕当时是诺基亚学院的院长助理，从谈判到项目正式运行，她一直是诺基亚方面主要的参与者之一，与我们合作得很愉快，给我们帮了不少忙。我们觉得她很能干，很专业，正是我们缺少的人，就说服她加入光华。这样，她就由客户变成了我们的员工——北京大学光华管理学院 EMBA 中心办公室主任。

项兵教授当时一半时间在香港，一半时间在内地，所以 EMBA

项目中心的日常运营是晓燕在负责。她不辱使命，很快就把EMBA办公室做成光华管理学院管理最有条理、最职业化、效率最高的行政部门。我们把EMBA中心的管理经验推广到全院，使得光华管理学院彻底告别了传统的大学行政管理模式，并成为许多其他商学院模仿和学习的榜样！

2002年底，项兵教授离开光华去创办长江商学院。一开始，我有些担心：主任走了，光华的EMBA还能一如既往办好吗？事实证明，我的担心是多余的。光华的EMBA项目之所以没有因项兵教授的离去受到大的影响，晓燕功不可没。从她身上，我看到了什么是真正的职业精神：职业经理人是对组织、对工作负责，不是对某个特定的老板负责。

2003年，晓燕决定去香港科技大学读MBA。她对我说，自己管EMBA项目，学员都是企业的高层管理者，但自己并没有读过MBA，越来越感到"心虚"，必须出去学习。我支持她的决定。她离开了，但留下一个优秀的团队。晓燕从香港科技大学毕业后，我很希望她回到光华，但由于种种原因，她接受了香港科大商学院中国办事处的创办工作。2009年，光华管理学院和思科公司合作成立"光华－思科领导力研究院"，我终于又有机会把她聘请回光华，负责研究院的筹建工作。2010年12月我卸任院长后，她还接手过一段时间的EMBA项目和学院的对外关系工作，直到2013年底加入长江商学院，再次回到项兵手下工作。过去十年，我虽然退出了"江湖"，但一直和晓燕有些联系，知道她在长江商学院承担着重要责任，也很开心，很为她高兴。

晓燕要出书了！这我没有想到。

她试探性地问我能不能为她的书写个序，推荐一下。我一口气读完了她发来的书稿，觉得责无旁贷！这不仅因为她曾经是我的同事，更因为这是一本非常有价值的书。这是一本写给职场人的书。在这本书里，晓燕从自己的切身经历中总结出成为一个成功的职场人的"秘籍"，书中也包含了她作为职业经理人对人生的理解和感悟，告诉我们如何在繁忙的工作中生活得快乐，对其他职业经理人大有裨益。

晓燕说：人生就是关系管理。

这话听起来有些俗，但仔细一想，确实如此。一个人如果不能处理好与他人的关系，怎么可能在职场获得成功呢？关系管理，最关键的是学会换位思考，也就是站在对方的角度看问题。然而，这事说起来容易做起来难。非经长期历练，甚至磨难，不可能有这样的感悟。

本书中，晓燕将关系管理分为"对外"和"对内"两个方面。

其中，对外管理包括向上管理、平级同事管理和下级同事管理三个方面，对内管理包括时间管理、压力管理和礼仪形象管理三个方面。晓燕写书如拉家常，但每一个看法、每一个忠告，都是她的经验之谈，值得初入职场的人认真领会。书中不乏诸如"领导才是你最大的客户""吵架，也是一种沟通""职场需要必要的危机感"这样的金句，给人印象深刻。印度哲学家奥修说，知识是别人的经验，智慧来自自己的经验。这样说来，这本书写的就是晓燕自己的智慧，不是心灵鸡汤。

我相信，晓燕的这本书一定会受到目标读者的欢迎。

是为序。

李宁 序

一本写给年轻人的管理启蒙好书

2000 年，我在北大读 EMBA，正逢中国管理教育的发轫。晓燕老师在北大工作多年，我算是老师最早那一拨的学生之一。

晓燕老师在书中自称是一名商学院的老兵，见证了中国管理教育的黄金时代。21 世纪初，晓燕老师在北大时，还是一位朝气蓬勃的小女生，我们同学有的和老师是同龄人，有的甚至比老师还要年长。记得，一些同学亲切地喊晓燕老师：燕子。

前不久，晓燕老师和我微信联系，说出书邀我写序，我觉得自己责无旁贷。因为，在北大光华的日子，是我们师生共同的青春岁月。

我本科在北大读法律，后来攻读 EMBA。那段时间，我正在摸索品牌经营，学习管理成了刚需。在北大光华，我是以一名初学者和创业者的心态来学习管理的。

那时中国的 EMBA 刚刚起步，北大也在探索如何做好管理教育的授课。记得有个小插曲，同学们都是来自各地的精英，很有个性，大家不满意某个老师的课，要求学校给予解释，张维迎老师也特意出面就授课和同学们沟通。人们常说当代中国社会的发展是在摸索中前行，看上去中国管理教育的发展也是如此。

二十多年过去，今天的中国商学院，已经走出东方管理教育的特色模式，风云激荡，我有幸作为一名早期的学生与晓燕老师一起见证了那段闪亮的日子。

晓燕老师是中国管理教育重要的见证人、参与者。这些年，晓燕老师与一万多名中国商界精英互动沟通，宝贵的积累为这本书奠定了坚实的理论和实践基础。这本书是来自中国管理一线的归纳与思考，是晓燕老师近三十年的管理心得。可喜的是，这本书不仅仅是写给管理者的，而是面向每一位有志于学习管理的初学者。作为公司的创始人，我愿意和员工分享、共读这本书。

这是一本写给年轻人的启蒙书，也是一本很好的职场管理手册。书中，晓燕老师颇具创意地提出像管理职场那样管理家庭，我为这个理念点赞。我们现在经常提智商、情商、财商等等，其实更应该提倡年轻人学习一些管理知识。如果，人人都学习一点自我管理，相信这个世界会多一些美好。

何炅 序

从女生到女神的修炼

　　我认识的杨晓燕老师，明亮但不刺眼，厚实而不声张。在她的这本书中，你能看到一个小女孩如何从一个偏远地方出发到如今成为撑起一片天的优秀女性。

　　除了校园的工作，晓燕老师还创办了"江畔读书会"，云集了很多优秀的同学，经常一起探讨经济、文学、艺术等议题。这位当年的市文科高考状元，还找时间创作了这样一本言之有物的著作。在她的这本书里，对取势、明道、优术三个方面都有相关的内容阐述，对年轻人有一定的帮助。她的职业生涯发展路径，她在向上、向下的巧妙管理和人际关系中化繁为简的能力，在这本书中都有积极的呈现。

　　让我们一起在晓燕的文字中思考、进步。也愿每一个人都能找到自己努力的方向，和未知的自己握手同行。

目 录

第一章
总论 | 以终为始 面向未来看现在

第二章
向上管理篇 | 领导才是你最大的客户

第三章

平级同事管理篇 | 职场就像一次旅行

第四章

下级同事管理篇 | 越分享越拥有

第五章

时间管理篇 | 不是做更多的事 而是做有意义的事

第六章

压力篇 | 让子弹飞一会儿

第七章

职场礼仪篇 | 每次见重要的人 都要认真洗个头

第八章

总结篇 | 认知决定选择 选择决定幸福

总论

以终为始
面向未来看现在

当把心结系成蝴蝶结

在一次访谈中，记者问我，如果用一个词来概括自己，会选择哪个词？我脱口而出：目标感。

人生就是关系管理，关系管理的前提是目标管理。别看我现在说得干脆果断，其实人人都有脆弱迷失的时候。

高三那年，一向成绩优异的我被保送上名牌大学，开心之余，我也开启了撒欢儿玩耍的模式，把学习丢到一边。哪料，人事消磨，在高考前不到一个月的时候，我被通知保送名额取消了。其中曲折，想起来就是一肚子委屈，不说也罢。

匆忙上阵，结果自然可以想象。从小学到高中，我一路走来各种前三名，是老师、家长眼中品学兼优的好学生，这次偏偏折在高考上，绝对是成长路上的一个大跟头。

那个夏天，我闭门在家，苦闷催气恼，气恼生叛逆：错过了理想的大学，也不去其他大学，同时拒绝重返高中复读。父母一筹莫展，不知所措，从小到大的乖乖女，突然发起了脾气，也是不可理喻。

那天母亲祈求我说，复读班的班主任想找我聊聊，单纯聊聊，说："复读不复读我们尊重你的选择。"

我懒洋洋地去了。

班主任是个帅哥型老师，现在我还记得他那略带胡子楂、有型俊朗的下巴。

老师没有谈我的消沉，先聊了自己的青春与伤痛。

"我的家乡在内蒙古锡林浩特大草原，20世纪60年代末，上山下乡之际，大批青年来到内蒙古。我的故乡，杨沫的儿子老鬼来过，写出了磅礴催泪的《血色黄昏》；我的故乡，姜戎来过，写出史诗般的草原挽歌《狼图腾》。千里大草原，风吹现牛羊，见证着一代人的火热青春。"

班主任本为世家子弟，家人曾在国民党军队里做过官员。在那个年代，算是出身很不好，各种批斗，辗转来到草原安家。

那天，班主任说了人世间的种种艰难，在大时代下，人的命运如芦苇般飘荡，亦可如竹根一样坚韧不拔。这是我闻所未闻、从未想过的磨难。

老师说："年轻时候摔个跟头，是你的福分。跌了跟头，才会认清自己，认知人生的路。你这点小挫折，算什么呢？未来路长着呢，你会感激自己在这么年轻的时候就能摔个跟头的。"

这句话一下子把我的心点亮了。第二天，我就背着书包乖乖上学去了。第二年，我考中心仪的大学，是那一年的文科状元。

现在回头想想，高考失利真的不算啥，一次的失利能决定什么呢？反而是班主任那句话，一直启迪着我，由此我开始思考认知、选择、人生、幸福这些命题。

这些年，前前后后我见过一万多名企业家与商界精英，我在思考一个问题：什么才是决定人成功或幸福的因素？

他们都来自名校吗？未必。我见过的大多数企业家从泥土中走来，一路斩荆披棘，并没上过名牌大学。

他们都是时代的幸运儿吗？未必。太多成功的背后，不过是一次次跌倒再爬起，甚或，成就的幕后有泪水，有伤痕，大家不过是把说不出的心结系成了蝴蝶结。

那么什么才是决定人生的因素呢？

我想成功或幸福只和两个因素有关：

一个是你的目标感，你到底想要什么，你想成为什么样的人。

一个是你的认知，你的思维模式，你的价值观与世界观。这些才是决定你走多远飞多高的元素。

人生就是关系管理

我在商学院工作多年，从中欧国际工商学院起步，历经北京大学光华管理学院、香港科技大学商学院、长江商学院，是中国管理教育的一名老兵，见证了中国商学院和高管教育的起步、成长与壮大，更见证了近三十年来一拨卓越企业和企业家的成长。

我一直想写本有关职场和管理的书，和大家分享我因工作之便，观察到的成功人士普遍性的规律和特征。这本书并不是针对商学院的同仁们谈企业管理，而是面向所有人谈职业和个人成长。

我的家乡是一个四五线的小城市，北师大毕业后，我陆续在中欧、北大、香港科大与长江商学院工作。商学院有很多课程，但核心是两个字：管理。

说起管理，可能有的读者摇头，觉得与己无关；也可能有的读者挠头，觉得管理是一门高深的学问，怎么学得会？

其实，管理和关系是一枚硬币的正反面，参悟管理，先要聊聊关系。

2000年暑假，我有幸去美国名校西北大学凯洛格（Kellogg）商学院学习交流，那一年互联网泡沫破灭，MBA毕业生就业困难。

当时的凯洛格商学院院长迪帕克（Dipak）教授刚刚走马上任，压力巨大，每天奔波于全美各地参加活动，拜访校友和知名企业，为毕业生寻找工作机会。

他和我说了一句话，令我终生难忘："哈佛商学院为什么屹立不倒始终排名第一？就是因为哈佛的networking做得最好，是No.1。"

回来后我认真研究，network，意为"网络"；networking，"建立网络"，对应我们中文其实就是"关系"。也就是说，哈佛强大，其实是强在"关系"，重在连接。资源的整合，其实就是关系管理。

无论你是有二娃的全职太太，还是在写字楼格子间的打工人，都离不开关系的管理。

马克思说，人是所有社会关系的总和。有人的地方就有人际关系，你的事业、你的生活、你的幸福指数，与怎么看待人际关系密不可分。学会关系管理，人生才会顺遂，职场才会通达，生活才会幸福。

所以，我经常和朋友说，人生就是关系管理，就是一门关系管理课。朋友们，请停下匆匆的步伐，静心思考，这堂关系课，你可以考多少分？勉强及格，还是一路通关拿下满分。

你的认知决定你的位置

2002 年年底，在北大顺风顺水工作的我，发现主管领导离开北大光华去创办一所新的商学院。换了领导，我发现自己的工作越来越不顺畅。

现在回头看，其实不关乎新领导的对与错、能力高低与否，就是上下级之间失去了以往的默契，需要重新建立关系，而我当时并没有意识到这个问题。

赛道换了，而我还在用老路上奔跑的思路往前走，遇到困难是太自然不过的。在职场上，人与人之间是需要契合度的。

我过往的几任领导都属于放手型，我有施展的空间；换领导后，新领导是纠结型人格，凡事喜欢精打细算，力求考虑周全，与之前的领导管理风格完全相反。所以，每次沟通都让我很别扭，很是痛苦。谁痛苦，谁就去改变。

怎么解决这个问题？最简单的方式就是离开。除了同事之间的不默契，还有一个内在的原因，就是触摸到事业的天花板。我在北大已经做到 EMBA 部门的负责人，每一年的招生数量似乎也到了一个极限。

现在回头看，当时真是很傻，才到哪儿啊……但人的视野就是这样，站在多高的台阶上就看多远，你的认知决定你的位置。当时的我，认知有限，完全想象不出未来的开阔。

职场里外的不如意、挫败感揪住了我的心。我决定辞职，去香港读书。读 MBA 是换赛道最好的中转站。我想去读书，且是下决心辞了职去读书，所以，去香港读书是一个半被动的选择。

三十的当口再就业，我不清楚未来是什么，有些懵懂，有些迷惘，还有一种死马权当活马医的断然。

选择读书的学校，也有考量。我已经在中欧、北大光华这样国内顶尖的商学院工作过，再去读书，有点带艺投师的意思，应该首选世界级的美国商学院。我去国外念书，就意味着和家人分开。我老公是坚定不愿出国的，于是我选择了香港科技大学，亚洲顶尖的大学。

为了支持我读书，老公从北京搬到深圳，找了一份工作，我每周从香港回深圳。说真的，刚读书那阵子，我的挫败感挺深的。

挫败有三。我过去负责北大的 EMBA，所见所闻都是名家的课程，科大的课程没有惊艳到我，当然，我可能也有眼高手低的毛病。

在北大的时候，周围不乏李宁这样等级的企业家，课堂上尽是身为大老板的学生，来到香港，一身寂寥。

我离开北大光华后，很少被人惦记，你自以为这个世界离开你就不转了，末了发现完全是自作多情。

在挫败的情绪中，我也会怀疑自己，是不是做了一个错误的决定？课程没那么有吸引力，我内心对于知识获取的渴求也不强烈，一些基础的课程，比如经济学、会计学，我听过许多名师讲过，再听寡然无味。

再者，身边的同学较过去的企业家又逊色很多，我最初不愿意和大家交流，上学成了单纯熬学历的过程。老公从北京来到深圳工作，我们处于异乡人的境遇，两地奔波，他不开心，我读书也没乐趣。

还有一个现实的问题是香港开销较大，生活费加学费数目不小。2003 年，房租是每月四五千港币，于当时是一项不小的开支。每天都在精打细算，比如一天三餐减为两顿，每次我从深圳回香港，会带很多咸菜和方便面，打个价格差，节约过日子。

过了整整一个学期，我才适应了。香港是高度国际化的城市，在科大有来自世界各地的同学：美国得州或者南部区域的，德国的、法国的、印度的、日本的。大家讲的都是带方言口音的英语，我根本听不懂，即使有位同学来自英国莎士比亚的故乡，说着一口纯正地道的英语，我同样听不懂。我突然发现过去学的书面英文，和大家实际讲的完全是两码事。

在科大，我意识到独立思考的重要性，那段时间读了很多书，重塑了价值观，兼听则明，学会聆听不同的声音，就会变得包容平和。

同学里有一个法国大帅哥，经常换女友，内地女同学们都以为此乃一枚大渣男，但他振振有词，说对待每段感情都是认真的。

细想也是如此，这是别人的私事，只要你情我愿，不伤害别人，何必扣上道德的帽子。

我们常说读万卷书与行万里路，这两者不可分，你没看过世界，怎么会有世界观呢？

这个世界不是简单的对错，不是非黑即白，当你坚决反对对方的观点、无法调和时，要想想对方来自哪里，处在什么样的环境中。现在回头再看，发现静心读书以后，世界变宽了许多，有了更多的选择。我可以回北大工作，也还可以有别的路走。

所谓挫折，拉长了都是一个时间点，在彼时是彷徨，是挫折，但多年以后回望，剧情就翻转了，人生的每一步都算数。

第二个学期可以交换到海外学习，我觉得没有必要，另外也是经济压力所迫，我希望尽快毕业、尽快上班。我开始在职学习，周末飞深圳或香港，周一回来上班，那段时间是我体重最轻的时候，掉到了七十多斤。

过去，我在商学院做班主任负责学生管理，记考勤特别严格，如果某个老板学员翘课，我会劈头盖脸训他一顿，很多企业家校友现在见到我，还经常拿当年我板着脸教训他们的事情开玩笑说我是个"一本正经严肃的小老师"。

直到我两地奔波上学累成狗，才第一次理解这些来自全国各地的企业家求学不易，从此我心存宽念，发誓以后再管学生的时候要多一些理解，手下留情，因为我自己也会翘课，在煎熬中巴望着尽快毕业。

换个角度看问题，多站在对方的角度思考问题，是我这段时间最大的收获。

在大势下聆听内心的召唤

我的职场有三次重要的选择，其一是离开北大去科大；其二是放弃哈佛重回北大；其三是离开北大去长江。

香港科大毕业后，我留下做科大商学院中国办事处的首席代表。哈佛商学院通过猎头找到我，邀请我加入哈佛，做哈佛上海中心的负责人。前后谈了将近一年的时间，也前前后后见了哈佛商学院三四十人，让我对哈佛商学院有了比较全面的了解。

最后一次面试恰逢圣诞节前一天，哈佛临时定好日程，我只记得票价巨贵，那是我第一次坐国际航班的商务舱，可以躺下休息，惬意舒适。

在哈佛的三天，适逢波士顿暴雪，大雪覆盖校园，满目晶莹，配上红砖建筑，就像在童话世界一样，美丽极了。我当时想如果我能得到 offer，可以在哈佛工作，那就是人生巅峰了吧？

不久后哈佛还真的发了 offer 给我，工作地点在上海。先生支持我去哈佛工作，愿意从北京搬家到上海生活，他鼓舞我：你在国内最好的大学工作过，在亚洲最好的大学工作过，那么也应该在全世界最好的大学工作，这样你的职场生涯就圆满了。

我思来想去，还是回绝了这份工作。香港科大也好，哈佛也好，他们的主战场不是大陆，而是在香港或者波士顿，作为驻中国的首席代表，其实也是一颗螺丝钉。哈佛声望虽隆，实际接触后，也会发现有官僚主义的迹象。我决定放弃哈佛这个机会，重回北大。

直到现在，我依然觉得自己做了一个非常正确的抉择，无论是什么名望的大学，无论是多么优渥的工作机会，你最终要听从自己内心的召唤，击水中流，跃江入海。

回到北大，家在北京，这是我的主战场，我想从此就在北大待一辈子啦。岗位从领导力研究院，到回到 EMBA。再到负责学院的对外关系部，负责光华管理学院的品牌宣传和政府关系。学习一圈再做回来，很多事情看开了，做事也游刃有余，我想着就这样相夫教子了却余生也未尝不可。

当我再次离开北大加入长江商学院时，中间纠结了很长时间。加入长江，我可以做我更喜欢更擅长的 EMBA 业务。我一直有个梦想就是做一个全中国乃至全世界最好的 EMBA 项目，长江愿意给我一个机会去尝试去创新。留在北大，未来一览无余，已经没有什么悬念，但岁月静好不是也很好吗？

那年暑假，我因为纠结而烦躁，读到脸书（Facebook）首席运营官桑德伯格的《向前一步》，瞬间被触动。她说：

"当选择一份工作时，只有一个标准是重要的，就是它是否能让你快速成长。当公司快速发展时，要做的事情就会多到人手不够；而当公司发展放缓甚至停滞时，就会人浮于事；公司里开始钩心斗角时，其发展也会停滞，每个人都会动摇。他告诉我：'如果有人邀请你上一艘火箭，你不要问上去之后坐哪儿，你只要上去就可以了。'我相信每个人都应该有一个长远的梦想，我也相信每个人都应该有一个'18个月目标'。"

在科大读MBA时，我曾来长江实习，当时长江还只有雏形。多年后正式加入长江时，才发现长江是中国独树一帜的商学院。"潮平两岸阔，风正一帆悬"这句唐诗，正是长江朝气蓬勃的模样。

初到长江，院里的金融学教授梅建平叮嘱我四个字：低调潜行。

这四个字让人很受用，我的心态也变了，我时刻提醒自己，不下真功夫不见真篇章。长江之所以做到风生水起，肯定有它的道理。

现在回头看，我真心感谢自己的选择，长江给了我太多尝试和创新的机会，更让我的事业达到了新的高度。

回顾这三次职业选择，核心也是逐步把心打开的过程，更是逐步梳理自己到底想要什么的过程。

认知自我：从树立目标感开始

古人说，三十而立。这个立是方向，是有目标感，是每天清晨醒来，有热爱的事业，愿意为之投入奋斗。做到这个"立"并不易，现在的年轻人和我当时面临的有所不同。

首先是家庭条件的区别。我们一一这代人的成长时代，自己家与周围家庭的经济条件差距不大，都在温饱线上而已。现在却大有不同，每个人来自不同的家庭，经济差距之大令人讶异。都说贫穷限制了人的想象力，同样，经济也可能限制人的成长与发展空间。

一代有一代人的生活命题。我当年是本地高考文科状元，可没有对比就没有伤害，来到北师大后，发现我的英语单科几乎垫底，口语被沿海地域的同学完爆。在生活上，对比北京籍的同学，差距也很大。

读大学期间，我一直在打工，做家教，做导游，后来去民办大学上课，很辛苦，但收获颇丰。不但有财务上的收获，毕业的时候我的存折上攒了好几万，是同学中小有名气的"款姐"。更重要的是，我获得了很多实践经验，这些积累对于后来的工作都是难得的财富。

我想对和我一样的小镇青年说说心里话：在成长的道路上，千万不要攀比，有些东西你暂时没有资格拥有，那就想都不要想，胡乱种草是心魔，会乱了你的大方向。明晰自己的大目标，一步一步向前。妄想一步登天最不可取，也会害了自己。

如果我大学毕业后，回到家乡小城，估计也就在当地做个高中老师。我很感恩，从一个北漂拿到户口留在北京，到见证了中国商学教育的发展历程。可是，时代不同了，今天北漂的代价压力更大。北京的房价世人皆知，寸土寸金。二十年前，四十万可以买一套房，今天只能买两三平方米。

可喜的是，现在的年轻人有了更多的选择，城市间的差距在缩小，兼之通信发达、快递便捷、交通通畅，年轻人完全可以选择留在家乡工作或创业。成本小了，发展的空间未必就小，在一个自媒体流行、自品牌塑造的时代，你选择的城市大小，与工作成就没有必然的联系。

选择没有对错，关键是看你到底想要什么。今天，我的家乡小城一样有万达广场，一样有西贝、海底捞这样的连锁品牌，但房价成本与都市相比，非常之低，年轻人留在家乡，可以拥有更有质量的生活。

年轻的时候，看趋势特别重要。朋友圈刷屏过一句金句："不是马云成就了时代，而是时代成就了马云。"我们所有人都是改革开放的受益者，我选择的行业也是一个朝阳行业，我出道时，中国的商学院只有几所，人才急缺，成长空间大。

职场初期，我曾去过外企诺基亚工作，但因为还是喜欢教育这个行当，便回到商学院工作。在大势下面，要坚持自己的热爱，不完全被短期的暂时利益所挟持。因为热爱，你才会投入大量的时间与精力，才会慢慢浇注事业开花结果。

幸福来自对关系的正确认知

我们周围的朋友，尤其是女性朋友，有太多人为爱受苦，为关系所困。我们不妨把关系层看作一层层的圈，从外往里看，最里面的圆心是什么？

有的人说是孩子，有的人说是伴侣，有的人说是父母。中国女性是心理负重的人群，我常说，我们中国女性最爱做的一件事是牺牲自己。恋爱时，以男友为中心；结婚后，以孩子为中心；孩子大了，又抚养孩子的孩子。匆匆一生，都在为别人活着。

一味地牺牲，完全地付出，不代表可以拥抱幸福。一个人的火力不管再怎样足，也会慢慢枯竭，所以很多人走着走着就枯萎了、凋零了，满腹委屈，一生所求，不得所报，充满了抱怨。

婚姻、亲子关系出现裂痕，最大的根源是关系的顺序不对。我把关系做了一个梳理，把它称为"幸福圆图"。

如下：

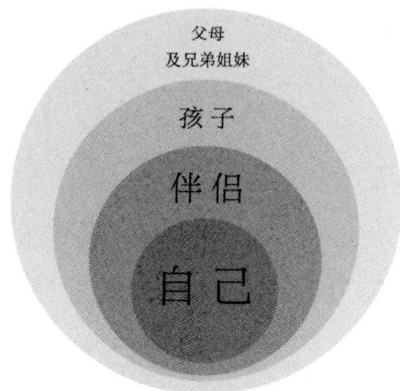

父母
及兄弟姐妹

孩子

伴侣

自己

　　我们和所有人的关系的核心（圆心）应该是自己，也只能是自己。如果一个人不爱自己，那么试问，他怎么有饱满的、持续的爱，照耀温暖周围的人呢？

　　圆心是自己，贴近的第二层是伴侣。

　　家庭中，夫妻关系应该大于亲子关系。中国式的家庭，往往把孩子当成重心，这也是很多家庭问题的源头。如果把家庭看作一个平衡木，太多的爱堆积在孩子这一边，夫妻之间的交流与扶持，反而一再忽视了。男人怨女人不再温柔，女人恨男人不再体贴，互相诘责，婚姻的火锅没了新鲜的食材，没了浓郁的料汤，只剩下争吵与抱怨，这是许多伴侣的困境，根源就在我们忘记了彼此，忘记了自己想要什么，焦虑之下，把所有的关爱押宝在孩子身上。

　　关注自我，是生命本质的一部分，是真实的人性。我为这个幸福圆图找到了理论基础，《自私的基因》一书中写道："自私的本质来源生命的本身，个体的不安全感和存活的需求，驱动我们去靠近一个更优秀的肉体和灵魂。"

圆心是自己，爱自己，爱生命，爱生活，这样才有能力、才有余力爱别人。

每个人都应该非常积极正向地去生活。幸福来自对关系的正确认识。关系的梳理，一定应该是以自己为核心；第二层关系是你的伴侣；第三层才是你的孩子；第四层是你的父母以及你的兄弟姐妹。

我渐渐发现，我的家庭经验完全可以应用到职场管理里面。

我经常用下面这张图来解释，管理家庭和管理公司，其实是一模一样的。

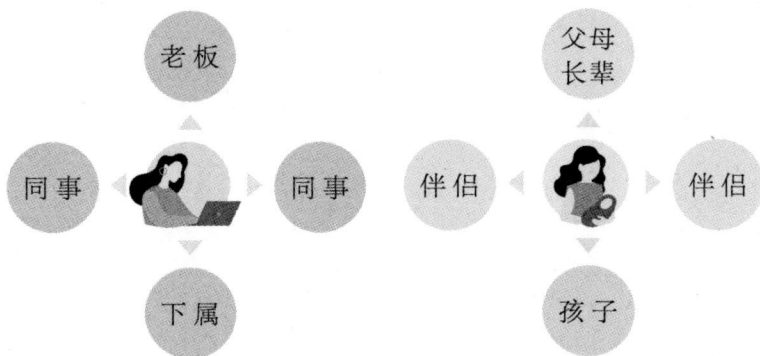

比如说，管理公司的时候，你会涉及向上管理、平级管理和向下管理。这层关系通用到经营家庭，长辈就是你的老板，归属向上管理；你的先生或太太，你的伴侣（Partner），就是平级管理；带娃则是下级管理的范畴。

我把关系管理分为对外管理与对内管理：对外的管理，是一个向外触达的过程；对内的管理，更多的是一个内观，自我的一个修炼。

有了上面两张图，我们对于关系就有了清晰的认知，而幸福就来自对自我和关系的正确认知。

如果可以重来，你选择过什么样的人生？

我经常问自己一个问题，如果可以重来，你会选择什么样的人生？疫情期间的宅生活，改变了我们的生活节奏。疫情突袭，有的人在忐忑中等待，有的人在恐惧中逃避，也有的人在变化中思考。面对变化，你是否想过，再给你一次机会，你到底想要什么？你想要过什么样的生活？

回望2003年的非典，病毒突袭，叫停了人们的忙与盲。大家纷纷开始活在当下，不再攒钱，买房买车。非典之后，离婚率忽然攀升，从中我们也可以嗅出国人心态的转变，大家变得更加自我，追求想要的生活。

我在学院时，是同事们的知心大姐，同义词是大家的吐槽"垃圾桶"。我偶尔会抗拒待在办公室，因为不断有人敲门倾诉；微信上、电话里，也常有人找我：大龄青年的苦恼，生不生二孩的困惑，工作方向的迷惘，都市的空巢婚姻，男人不回家不带娃的愤怒……种种幸福余额不足，需要马上充值。

我看到好多朋友，尤其是女性朋友，过得其实不尽如人意，或闷闷不乐，或焦躁不安，或困顿迷惘。有的人的生活是部喜剧片，有的人过得波澜不惊，有的人过得像惊悚片，有的婚姻简直是一部谍战片，彼此掐架，互相猜疑。不快乐、不幸福的因素有很多，但核心只有一条：没有目标，不知道自己到底要什么。

我和朋友聊天的时候，会经常分享自己的一个小方法：晚上临睡前问问自己，万一明天不再降临，你有什么遗憾？或者乘坐的飞机万一跌落，你的生命还有什么未完成的心愿？

现在的我，努力把每一天过好，不留遗憾，想做什么事情，就当下去做；如果一时完不成，或者办不到，就想办法将其消化掉。

大家把这个当作灵魂之问，或者一次提醒，一个棒喝。初心是一个大家随时放在口边的话题，但我们偏偏走着走着就忘记了发心，忘记了最初的愿望，或者忘记了自己到底要什么。

环顾左右，现在职场上有太多纠结，这个放不下，那个忘不了，还有的做不到，感情啦、家庭啦、工作啦，剪不断理还乱，困在关系中，就是忘了问一句，自己到底在追求什么。

朋友们喜欢和我聊天，聊完感到满满的正能量，朋友说觉得我很幸福，开心都写在脸上。其实我觉得，幸福就是一种自我认知，感知幸福来源于自我目标的设定和完成。现在网络上有句话：提醒幸福，感知幸福。是啊，幸福感需要自我审视、自我提醒一下。

人人追求幸福，你怎么觉得自己幸福不幸福呢？就在于你的人生目标到底是什么。当你把自己的人生目标捋清楚，后面的很多纠结就迎刃而解了。

第二章

向上管理篇

领导才是你最大的客户

我与商学院的初恋

2020 年春，疫情蔓延，我在家办公，于是开通直播打发时间，顺便与大家聊聊职场感悟。

当时我数了一下，在过往的职场生涯里，我一共有 23 位直属领导。后来，又细数了一下，不是 23 位，而是 24 位直属领导。因为有一位领导我实在不喜欢，记忆居然自动屏蔽了这位领导。

你可否数过自己有多少位领导，是否也为这些领导分过类：哪些相处默契，哪些在一起工作总是闹别扭？当你遇到很难磨合的领导，你该怎么办？你会选择离开吗？

我的第一份工作是在一家破败的国企工厂，工作乏味，月薪微薄，还得住在跑风漏气的集体宿舍。每每夜里醒来，我恨不得落泪自怜，偶尔随领导与国外的客户洽谈，担当翻译，绝对是放风见世面，我渴望那种外企白领的生活，迫切想要离开。

转正期刚满，我就迫不及待地开始投简历。同时接到三个面试，有法国的一家外企、西门子中国公司，还有中欧商学院。第一个面试，是在中欧，我心情雀跃，懵懂中看到了事业的方向。

中欧可以说是我与商学院的初恋。我从北师大毕业，内心中一直涌动着教育的情结。我并不想只是在象牙塔里研究学术，而是希望到注重实践、始终站在经济浪潮之上的商学院工作。

这也是我在三个面试中，独独钟情中欧的缘由。

我是中欧北京区域的第一位全职员工。当时中欧刚在北京发力，最初只有三个人：一位是办公室负责人，是个兼职的比利时人；一位是班主任；而我只是班主任的小助理，做些最基本的打杂的事情。但是因为我很喜欢这样的工作氛围，所以工作很卖力，渐渐承担了办公室主任的角色。

后来，中欧重兵布局北京，决定正式设立中欧北京代表处，准备任命一位北京区域的首席代表。我嘴上不说，心里却许了愿，自以为劳苦功高，希望可以当上这个首席代表。不料，中欧外聘了一位知名外企的资深人力资源总监——也是中欧的 EMBA 校友——担任了首席代表。

我感到很受伤，于是从中欧辞职，去到外企诺基亚工作。

现在想想，其实当时的我是庸人自扰不自量力。北京对于中欧，是一个战略区域，一所顶尖商学院怎么可能任命大学毕业才三年的小姑娘独当一面呢？但是，我当时并不理解，总觉得自己付出的辛苦白费了，自己的功劳被别人抢走了，感觉很受伤。

我用了很多年才解开这个心结。多年后，我在香港科技大学商学院做北京首席代表，一天开车时，突然接到中欧商学院老同事的电话，那年中欧正值周年庆典，邀请所有老员工一道参加。

我接到这个电话，一阵暖流淌过心田，老东家还记得我呢，突然就释然了。虽然我因为工作冲突没能到现场参加庆典，但我在电话里真诚致谢，多年后的今天想到那一刻都是暖暖的。

现实中，其实很难做到换位思考，因为你不真正经历过，就不懂得其中的滋味。马遇生先生担任中欧北京首席代表后，呕心沥血建立了中欧在北京漂亮的校区，竖起中欧在北京的一面大旗。倘若当年我做了中欧的首代，以我当时的资历与能力，肯定做不到这样的业绩。

我当年只是一个刚毕业两三年的职场新人，哪怕有梦想有热情有干劲，但走向领导这个岗位，还需要很长的路。

这是个简单的道理，随着自己工作经历和职位的变化，我才慢慢理解了中欧学院当时的决定是多么理所当然。当我做了香港科大的首席代表后，才越发知道其中的不易和辛苦。说白了，当时的我并没有摆正自己的位置，不懂得向上管理，总觉得功劳是自己的，凭什么让别人摘桃子？我想对职场的朋友说一句心里话："在职场上，功劳永远是领导的。"

这样说，并非委曲求全，而是不贪功，做好自己的本分。

都说初恋是甜蜜的，也是苦涩的。这么多年过去，回忆起当初种下的心结，觉得有些好笑，又觉得有几分温馨。

遇到不喜欢的领导，怎么办？

之前提到，在过往的职场生涯中，我有过 24 位直属领导。人各有特点，有的领导相处愉快，事业合拍，事有难易，但凭默契，我几乎天天乐开花。突然间，领导跳槽了或者升职了，然后指派一位新领导，这时遇到不喜欢的领导怎么办？

我要说的第一点，就是你需要先调整自己。你不能挑领导，而领导拥有挑选你的权力，领导的优势在于选择权。当然你也有选择权，最简单的方法是辞职离开。

下一个问题是，如果你换一个新公司，再次遇到不喜欢的领导，怎么办？年轻的时候，遇到不合拍的领导，可以做到转身离开，可以跳槽，可以重新选择；但选来选去，你会发现，完美的领导是不存在的，总会有这样或那样的缺点。

女孩子择偶时，常有一种执念，要等到完美的老公才会嫁，可是人无完人，我们慢慢长大，终于有一天面对现实，完美老公与完美领导都是个传说，或者说，完美老公的数量要比完美领导更少，你懂的。

我在招聘面试时，有时候遇到应聘者吐槽，说前任老板如何，前前任老板又如何，埋怨不停。我不会录取这样的员工，因为他不懂得改变，不懂得去调整自己。

关系的管理，也可以说是一门沟通的学问。遇到不喜欢的领导，怎么办？你要努力地去了解对方，领导的脾气秉性、领导的管理风格是什么样的。你要努力去适应，去调整，而不是不切实际地要求领导如何如何。

真正的好员工必定是与领导团结合作的，毕竟你的工作成就，最终需由领导来肯定。就像两口子过日子，与领导相处也有一个磨合的过程，如果你磨合成功了，就会找到向上管理正确的路。

如果你是职场新人，那么左右是同事，向上一层层的是直属领导、各级领导，顶层则是公司大老板（Boss）。如果你是职场中坚，那么左右即是不同部门的分管领导，上有大领导，下有所辖部门的各级部门与同事们。这样的关系就好像是一个圆，不断向外延展。

敲黑板，画重点：我们聊的向上管理，核心是与直属领导的关系管理，而不是与职场最顶层大老板的关系管理。可以说，职场的成功与否与这点密不可分。在管理这层关系之前，有三个问题要问。

第一，你知道领导的目标是什么吗？

我们经常说，出发得太久，走着走着就忘了初心。职场的初心是什么？醒醒！这个初心不是你的，而是领导的初心是什么，领导的目标是什么。太多时候我们总想着自己的目标是什么，所以就忘了领导的目标。只有自己的目标和领导的目标一致，你才可能共赢共创，取得成绩。职场常见的伤感剧情是领导不懂我、不尊重我，导演这样剧情的往往就是我们自己，因为你没理解领导的目标是什么，你的努力和领导的计划不是在一个平行线上，南辕北辙，在错误的方向卖力前行，必定不得领导的赏识。

第二，你知道领导对你的期望是什么吗？

无论我做领导，还是做下属，我经常会反思，或者我经常会发现自己的期望、自己想要做的事情，与领导的期望是两码事，在岔路上渐行渐远，越努力越挫败。比如，领导对你的期望就是做一个踏踏实实干活的员工，而你天天云里雾里大谈战略，这样就走岔啦。

第三，你熟悉领导是什么样的领导风格吗？

向上管理，没有固定的模式。针对不同的领导，也应有不同的方式适应，这就像两口子过烟火日子，不断磨合，不断沟通。没有固定的领导模式。有的领导循循善诱善于启发下属，有的领导沉默如金，有的领导城府很深，有的领导很好，有的领导太霸道。

　　我是一直想当甩手掌柜的领导，希望同事各自守摊，不要事事来问我，但工作常常是上面一条线、下面千根针的繁复局面，我还要在一线担当救火大队长的角色。作为几个部门的领导，我也常常感叹，你看，当领导也不易啊。

管理的学问，也是沟通的艺术

怎么样才能做到你的期望与领导的期望同步同频，与领导保持一致，建立共同目标呢？

我建议年轻人，如果有机会，一定要在大公司历练一番。我离开中欧后，进入诺基亚中国公司工作。跨国企业是公司文化的实战营，矩阵型的组织层级，系统化的人才培养体系，这些都是管理金字塔的塔基。

在诺基亚中国是开眼的过程，激发了我对管理这门科学的思考。

在中欧工作的时候，接触到很多外企的校友，我的工作是给他们推荐最新的培训课程，期待可以帮助到他们的发展，然而我自己并没有在外企工作过，其实并不能知晓和理解跨国公司到底是如何在中国运作的。现在常说躬身入局，想了解外企，就要来到圈内看一看。

当时的诺基亚如日中天，可以说是全球企业的典范。对比自己的第一份工作，我很是感慨，一边是日薄西山到处寻求并购；另一边是蒸蒸日上，像一架轰鸣的直升机。

近年，美国奈飞公司的文化大行其道，但在二十年前，诺基亚已经在践行以人为本、从人出发、尊重人才、信任员工的管理文化。

当时诺基亚就在推行弹性工作制度，从不打卡。我所在的部门是一个全球化的团队，二十多人来自十几个国家，包括芬兰、印度、美国、英国、法国、比利时等等。来到诺基亚，第一次在有咖啡机、有茶歇的顶级写字楼上班，身边环绕着这么多外国同事，每天的工作语言是英文，我真有种乡下孩子进城的炫目感。

跨国公司有着非常细致规范的管理规则，年初设定 KPI，芬兰总部下达全球目标，中国区域的目标是怎样的，部门目标是什么，然后具体到每个人的目标。北欧人很严谨，填各种表来确认目标。我们部门负责公司内部培训，年度目标的培训是一个大工程，需要跟领导和同事反复沟通，达成共识。年底再一一沟通反馈，做到了什么，没做到什么，为什么没做到，如何更好地提升……年复一年，螺旋式地上升推进。

今天的互联网时代，瞬息万变，很难做到年初制定目标，年底一以贯之，目标的制定也从 KPI 变成了 OKR。目标变得模糊，沟通就变得更加重要，你要随时与领导保持通畅的沟通，确认共同目标。

具体怎么沟通，我总结了几条原则，这也是过往我与 24 位领导相处的经验之谈，算是我的职场压箱底干货，放在后面与大家分享。

聪明的员工一定是四有青年

领导喜欢什么样的员工，对员工有什么期望？

首先，领导喜欢有主人翁意识的员工，主人翁意识就是清楚自己的职责，把公司的事情当作自己的事情来做，即公司的目标和自己的目标是一致的。

我希望自己的同事有主人翁精神，认真经营自己的一亩三分地，扫好自家门前雪。自家的菜园瓜果繁茂，虫鸣蛙唱，自然撑起一片田园好风光；如果自己的一亩三分地里庄稼季季歉收，事事需请领导出马解救，碰到这样不担当的下属，领导也不胜其烦。

我在香港科大工作的时候，经常遇到年龄很大的学院行政秘书，她们每天做的是非常初级、非常琐碎的助理工作，比如打电话安排会议、订机票、订餐、订车，然而，用心之细、服务之周到专业，让老板们很是依赖。

最近，我和香港科大的一位副院长联系，与我对接的这位秘书竟然还是十八年前的那位。快二十年了，她一直任劳任怨勤勤恳恳地做着专业秘书的活儿。

做好做细一件小事，其中就包含着主人翁意识。主人翁意识适合职场的每一个层级、每一位员工，并非是特指领导层。比如，在长江商学院，不论你是一名班主任，还是一位课程主任，抑或是一个市场部的一线员工，都应有这种主人翁意识，做好分内事，管好自己的一亩三分地。

我常常听到同事抱怨：我这么能干，那么努力，为何领导视而不见呢？那是你的汇报做得不及时所致。早请示晚汇报是向上管理的功课之一，领导需要知道你的工作进程。早请示晚汇报，是针对工作而言，不是大事小情围绕着领导拍马屁。

人在职场，要有展示的意识。家国一理，我平时工作忙，出差频繁，但凡在家下厨，常常发朋友圈纪念，大家纷纷点赞，以为我是天天做菜的好厨娘，其实我只是偶然为之，这就是自我展示的广告效应。我家先生经常取笑我，每年做饭的次数等于发朋友圈的次数。

其次，和领导沟通，一定要有建议，但又要服从决议。领导不喜欢没有主意的人，领导问你的时候，你却唯唯诺诺，说不出任何建设性的意见，领导嘴上不说，心里一定失望，这名员工不是可塑之才。

职场上另外一个伤感题材也在反复上演。下属精心准备了建议，但领导否了，要求执行另外一条建议。从此，下属郁结在心，自认是不被重用的职场屈原，或者甘当公司的祥林嫂，嘟嘟囔囔，抱怨不断。

不提建议的员工不是好员工，提了建议的员工也要服从领导的决议。比如，我提到向南的发展方向，领导决议向北，作为下属，应该立刻放弃向南的计划，全力辅佐领导一路向北。

反面的例子：常常有这一类员工，领导向北，带着情绪的员工勉强应付，工作顺利尚可，遇到职场变天，道路泥泞，就大声嚷嚷领导的决议错了，自己的建议才是正确的。

职场大多的事，不是非黑即白，没有标准答案，也不是单选题。作为管理教育的一名老兵和管理工作的实践者，我想说，其实决策很难说谁对谁错，执行才是最难的。公司上下齐心，才是达成目标的正确方式。

还有一条要谨记在心，那就是功劳都是领导的。其实，功劳无须抢，无须呼天抢地地到处宣扬，功劳是领导的，同时也是你的。你的成功与公司的成功是同步的。相信领导是明眼人，记得你的付出，你自然会得到回报。

环顾左右，今天的职场，很多人有类似的抱怨，这类员工不是庸才，相反个个是人才，人才的问题就是太聪明，总想邀功，但忘了一个事实，以为在平台的一己之力，应该全部归功于己。

这种想法千万要不得，否则会严重限制你在职场的发展。

聪明的员工一定是四有青年：主人翁意识，守好事业的田园；拥有展示意识，及时汇报；服从大局意识，提出好建议，执行领导决议；认识到平台第一，功劳都是老板的。

做到这四招，你一定会在职场斩荆披棘所向披靡，如果再进一阶，来个升级版，就是成为领导的自己人，成为领导的好朋友，可以与领导深度交流。

如果遇到契合的领导，那么领导将是你的小贵人，将极大助推你的事业。

　　与领导愉快相处，核心要记得一条：领导就是你最大的客户。如果你连这个最大的客户都相处不来，何谈其他？你我皆凡人，家里都没矿，工作和公司是安身立命所在，客户是自己的衣食父母，拎清了这个理，心态就摆正了。

和领导汇报，选准时间和地点

与人交流，我的建议是八字真经：有效提问，积极聆听。沟通是一门学问，尤其是向上管理，与领导沟通，更是一门懂分寸、知轻重的艺术。经常有朋友和我聊，工作中最大的苦恼是和领导沟通不畅。这就是和领导的沟通出了问题。

首先，汇报的第一条原则，就是要在领导过问之前汇报，如果一件事，领导追着你来问，已经说明领导不满意你的工作了。你要做到在领导询问之前，想到问题的应对方法。

我常常夸我的同事阿哲老师。比如 2020 年疫情期间，海外纷纷捐赠善款，我向阿哲建议："是否统计海外校友的捐赠发个新闻？"阿哲立刻回复说："我们和领导想到一块儿啦，正在安排人写专题文章呢，只是还没来得及汇报。"

其次，选择好的时间和地点。职场的奇葩行为之一，就是趁领导烦躁的时候，你敲办公室的门要求加薪，肯定是自讨没趣。察言观色，伺机而动，不是投机主义，而是说做事情要动脑子，要有规划。你给领导汇报，应带着纸与笔，起码有一个积极聆听的态度。

最后，汇报要重内容少过程。领导之所以是领导，是因为领导看的是一整盘棋，而作为部门领导或员工，看的是一隅的棋子。领导的时间有限，办事风格往往是目标导向，领导重视的是结果，而不是达成的过程。所以，汇报的时候不要纠缠细节，而要直接汇报核心内容与成果。请谨记，领导看重的是你最终达成的结果，而不是中间为了达成结果曲折反复的剧情。

重要的是，你一定要带着解决方案去汇报工作，这是我多年来一再讲的观点。千万不能拿着问题直接抛给领导，作为具体执行人，熟悉一线，你都没有解决方案，领导哪里顾得上为你排忧解难？你一脑子官司，领导也是一肚子糟心事，两者相遇，你又拿不出应对之策供参考，领导还能给你好脸色吗？带着问题，同时带着解决方案（最好是三套不同的应对方案），请领导定夺最优解决方案，这才是一个下属称职的汇报方式。

微信时代，通信十分便捷，但最好的方式还是面对面沟通。领导都很忙，我有时候为了争取到和领导面谈，坐飞机到领导所在的城市，寻找时间的当口谈工作。或者，与领导一起到机场，在途中可以谈工作。面对面的时候，我可以看到领导当时的情绪与状态，酌情汇报。如果实在找不到面谈的机会，那么就召开电话会议。

我建议的沟通方式，重要的事情首先最好是面谈，其次是电话沟通，最后才是微信。微信可以沟通一些事务性的不太重要的工作，需要领导知情即可。

职业常见病，你中招了吗？

如果给职场开一家诊所，那么有四类人急需打针服药治疗。我总结一下职场常见的四种病。提前说明，这四个归类，仅针对职场现象，没有道德评判。

首当其冲的是玻璃心，就是特别脆弱、特别敏感。这类员工动辄求关怀求特别照顾，领导一个举动，他们就会过分解读：领导是不是针对自己下套了，是不是不爱自己啦？

我自认是一位风格温和的领导，但也有简单粗暴的一面。现在职场上，处处是不怕冲突的粗线条老虎型男领导，哪里顾及得到员工的情绪。一个现实是，领导工作压力也很大，真的没有时间呵护每一个员工。作为员工，一定要反脆弱，摒弃玻璃心，绷紧坚强的神经。我常常和同事说，要戒掉情绪，学会自我关怀，惦记着领导事事呵护员工，是一种奢望。领导反过来，还期待你的尊重和分担呢。

玻璃心常见于职场新人，而中层管理层有时也难免染上一点宠妃病。就像宫斗剧，某个妃子上位，居功自傲，以为高人一等，言语举止可以犯上。

其次是顶撞领导。有一段时间，我开会时总爱顶撞领导。领导畅想愿景时，我总太实在地泼一盆冷水。有的同事为此私信给我，赞我果敢有担当，说全机构只有我敢顶撞说真话。我自己也还有点儿沾沾自喜，感觉代表了正义。一位好友不以为然，和我聊到深夜，建言道："不能因为自己的业绩好，就去顶撞领导。领导也是人，也有脸面和尊严，领导即使不回击，但内心肯定不悦，逞一时意气之快，就会失去很多机会。沟通有很多方式，在大会上直接怼，并不是最好的沟通方式。"我费了很多时间消化这句话，觉得自己也滥用了领导的信任，失去了理性。其实，职场离开谁都能转，这个世界离开谁都能转，切忌居功自傲的宠妃心态。所以，好好说话很重要，沟通有很多方式，顶撞与冲突肯定不是最佳的方式。

说开去，领导之所以是领导，就是谈愿景、定目标，这是领导的职责。一个好的员工，应该让领导的愿景目标落地。朋友圈刷屏过一篇阿里彭蕾的文章：老板想要的，就是我的赛道。彭蕾之所以成就了自己，就是她强大的执行力，无论马云的决定是什么，她就负责让其成为最正确的决定。

第三个职业病是"大龄青年"——总以为自己优秀，没有人配得上，挑来挑去，却把自己挑剩下了。这种人与同事、领导沟通，也是一副高冷姿态，不是不沟通，是懒得搭理你们。这种心态不分男女。你可以回顾自己经历的职场，是否有过这种不合群、摆架子的同事。

职场常见病还有一种是傻白甜。傻白甜不是完全贬义的，傻白甜也有傻白甜的优点，有那股任他职场起伏，我自无欲无求，唯愿岁月静好的劲儿。

我一位同事对我说："杨老师，关于晋升，我没有愿望，我就想当一个普普通通的人，只想安安静静在一线工作，挣份还不错的薪水，有时间照顾家照料孩子。"固守一个职业角落，没有什么错。但是如果有一天，当你的下属、你曾经的学生，做了你的上司，你还能做到心静如水吗？我有一个同事，堪称班主任的模范，有过多次升迁的机会，但她谢绝了，觉得自己就喜欢带班做班主任，这一做就是十几年。但是班主任做着做着就不开心了，多年的重复工作，学生不满意，她也处处受到掣肘。

十几年前，这位朋友当班主任时，班内学生与她同龄，或者年龄相差不大，沟通无碍；现在，商学院的新生都是朝气蓬勃的创业者，90后已经走到商业的前沿。在他们眼中，班主任已是老阿姨，沟通有了代沟，互相不满意。这位老同事找到我，向我寻求帮助。但说实在的，已经晚了。岁月不饶人，职场何尝等过人。我们经常说，等我准备好了，再去尝试某个职位，但当你准备好了，这个岗位常常就没了。我出差频繁，每每看到机场通往候机口的传送带，昼夜不停地运转着。我常常感觉职场就像机场的自动人行道般流动，不停歇。机器不等人，乘客需要拿捏好传送带的节奏踏上去，当你踏上这个传送带，就要昂首阔胸大步向前。在一个有竞争关系的职场，你无法做一个真正开心的傻白甜。从今天起我告诉你，你渴望的岁月静好，职场上没有；你期待的完美领导，职场上更没有。我们需要的是，放下身段，不端着，当一名聪明的知进退的职场人士。

41

第三章

平级同事管理篇

职场就像一次旅行

君子之交淡如水

上一篇我们聊到向上管理，一定要明白领导的目标是什么，领导的期待是什么，这样才能捋顺各种缠绕的关系。

同理，和平级同事相处也是职场的一个重要话题。平级同事的关系管理更加微妙，也更加讲究分寸感和边界感，我也是用了很长时间才悟出其中的道理。

你认为你和同事应该是什么关系？或者说，什么样的关系，同事之间才可以做到交流通畅？这个问题可能没有标准答案，我回想过往的职场，到底是什么样的关系，可以促进职业的发展呢？

在过去几十年，我多次跳槽或者调动工作，同事说起来有大好几百、上千名之多，这些同事成为真正的诤友、一辈子朋友的比例一定很少。很多同事都是在彼时的职场相遇，在工作的场合自然来往，大家离开那个场景，就随之分开，再无交集。

职场上，新人也常犯交浅言深的毛病，以处朋友的心态结交同事，最后搞得大家都不自在。很多人一上来就想和同事做掏心掏肺的哥们儿，或是无话不谈的闺蜜，其实这不是一个正常的关系。我个人认为，真的不要奢求和同事建立一个特别长久、非常亲密的关系。

职场就像一场旅行，本来我们都是路人，互不认识，偶然在同一个职场相遇，同在一家屋檐下，有过一起沐雨栉风、一起奋斗的情谊，但过了那个阶段，各自向左走向右走，自然也就分开了。某个点上，大家一起看风景，然后彼此分开，带着惜别的心情，带着美好的记忆，各奔东西，也许未来山不转水转，还有一起欣赏风景的机缘，也许就此一别永无再会。

这就是我认为的健康良好的同事关系。

同事相处，有竞争，也有合作，彼此守望，也相互较劲，是一种竞合关系。英文中有个词叫 competition，说的就是这个意思。中文语境中也有君子之交淡如水，类似这种竞合关系。

我和身边的朋友常说，这一点要从根本上想明白，如果在这点上彻悟了，那么对照职场的事情，就会放下许多，很多东西不再去纠结。

比如："我对这个同事这么好，他怎么就背叛了我呢？太没良心了是不是？"其实这样的心态是不对的，因为你对他的期望值太高了，你们之间，本来就不应该建立这样的关系。

职场之初，就要牢记这一点。

既然同事之间是竞合关系，那么是不是对谁都要冷冰冰，分寸拿捏得死死的？这也不对。我们既然有缘走一程，在这段旅程彼此都要开心，有说有笑的，一路欢唱一路歌才好。有缘修得同船渡，同事一场，即是缘分。

如果旅程上谁也不吭声，大家都耷拉着一张臭脸，生气闹别扭，人人有怨憎的苦恼，恨不得将对方推到水里，那么这段人在旅途的滋味，可想而知。

职场人士必备素质：吃亏是福

无论哪种同事关系，沟通都是必修课。平级同事的管理，说白了也是沟通的艺术。

我有个长年的习惯，每次我要和别人沟通一件事，交流前会花大把时间去思考。

每次我和同事交流工作时，一定要先过一遍脑子，想清楚这次沟通的核心问题是什么，彼此的职责分别是什么，是不是很清楚地表达了自己的观点，怎么做到求同存异，如何达成协议，鼓舞大家一起奔着一个目标去努力。

每天临睡前，我也会把当天的工作在脑子里再过一遍，反思一下哪儿做得不好，哪里可以做得更好。凡此种种，就跟演电影似的，把今日事复盘一番，再把明日事彩排一遍。

比如，我准备见一个重要的校友，或者找某个同事谈话，或者我要跟领导汇报工作，我都要提前着手做准备，先想好了怎沟通，先说什么再说什么，最后如何收尾。

说到具体的，我把自己这么多年的经验，总结为与同事相处的四项基本原则。

第一条原则是：分工明确，就事论事。

你会发现，工作中有很多抱怨、很多积攒的问题，都是源于分工不明。有的同事发牢骚说，经常为同事扛活儿，还落不了好，或者付出那么多，到后来无所肯定。

就事论事，是确认分工的前提，而理性又是就事论事的前提。

我刚参加工作那阵子，性子急脾气大，和同事沟通的时候偶尔互相顶撞，有点像家里吵架的时候本来是一根葱的事，说着说着情绪来了，从鸡毛蒜皮上升到否定对方，小矛盾迅速点燃一场家庭战争。现在，我会更理性地去看待问题，就事论事谈工作。

同事合作，常见的一个误区是，谈事的时候，一切都是好好好没问题，等到做事时，才发现一堆问题，又觉得委屈了自己。这就是没有做好沟通，分工不明确。

四项基本原则的第二条：吃亏是福，不要斤斤计较。

与平级同事沟通时，你不是领导，肯定不能发号施令，只能和同事商量着来，应该冷静下来，想一想，怎么促使大家伙儿和你一起完成合作，达成目标呢？

我们容易掉入的误区是，你觉得但凡提出合作规划，同事就要无条件支持你，如果对方提出一些问题或者质疑，你就特别委屈和生气。这就是我提出要吃亏、要包容的职场背景。

为什么一定需要包容？就是我们一定要想明白对方的不同意见，是我们必须要包容理解的。

说白了，大家原本就不在一个利益点上，目标是不一致的，所有的好事不可能都让你占了。职场中人，要懂得吃亏是福不单单是一种道德要求，而是职场准则的必需。

我们试想：你想完成一件工作，搞定后，所有的光环都是你的，不给别人一点让利，那别人为什么要帮你做呢？如果你退一步，让利让名于人，才能调动各方面的力量完成此事。

职场历练久了，你会发现，要达成一件工作，第一你要帮人，第二你要吃亏。

2020年年底，我在长江商学院发起了一个女性领导力奖学金项目，邀请九位名人参与，其中有李娜、脱不花、李一诺等多位知名优秀女性。这个项目从最初的设想、策划到邀请每一位名人都是我亲力亲为，里里外外都是我和团队的小伙伴一起做的，我们也邀请了学院的一位教授领衔挂帅参加。在对外的宣传中，我刻意淡化了自己的存在感，很多时候都是隐身的。有的同事为我叫屈，说活儿都是咱们干的，为啥不可以大张旗鼓地多宣传宣传自己？

我问这位小伙伴："咱们做这个奖学金项目的目的是什么？"于我而言，我想要的不是自己的知名度，而是要促成这件事，最终受益的是我负责的MBA项目，我们可以吸引到更多优秀的年轻女性来申请我们的MBA项目。我负责的项目做好了才是我的目的，为什么我非要是那个成名的人呢？

在职场，你要成就的是某件工作，而不是成就你这个人。太多时候，我们聚焦聚错了，总是惦记自己在某项工作中能得到什么，而忘了这件工作本身的成败。

所以，在分工明确的第一原则下，如果斤斤计较，反而把同事关系搞僵了。吃亏是福，这是老理，在今天的职场上依然不过时，你退一步，正是彰显自己气度的时候。

斤斤计较者，最缺的是团队协作精神。我常说屁股决定脑袋，今天我站在领导的视角看待同事，就会很清晰地看到：哪位同事太计较，为了一件小事告御状；哪位同事总是抱怨，埋怨这个吐槽那个，总觉得别人赚了自己吃亏。

斤斤计较是职场大忌，可以说是最惹同事厌恶的一个毛病。反之，在职场上，甘愿吃亏的人，往往是走得最远的人。

为什么？这就是同事相处的第三条原则：你所有的付出领导都看得见，是金子总会发光的。你的付出，同事看得见，自有公论；领导看得见，你就有升职的空间。

站队有毒，保持距离

同事相处的四项基本原则的最后一条特别重要：保持距离，保持沟通。单独摘出来这一条和大家聊聊。

在职场，常有人问我怎么看待站队的问题。站队是个大坑，不要轻易地去琢磨这些事。什么意思呢？就是让自己的内心保持单纯一点，也可以装傻或者难得糊涂，或者是真的很傻很天真。

任何一个组织，都难免有这样那样的派系。关于站队这件事儿，我的态度是选择永远不站队，我内心里也不喜欢这事，站队是负能量的收容器，一旦你选择站队，看待职场，就有非黑即白的武断观念。

有人的地方就有江湖，学校也不是世外桃源，我工作过的其中一家学院，也有派系之争，此消彼长，各派争得不亦乐乎。我是前任院长招进去的，在别人眼中，我就是前任院长的人。

漫天风雨，我心惴惴，回到家里，在床沿默然枯坐，不得其解。说起这点，我要特别感谢老公，他一句话点醒了我。

他倚在门前，看着我笑，说："杨晓燕我觉得你特别痴。"我没领会，愣愣地看着他。

他说："你不觉得吗？你其实就是一个干活的。无论谁来当领导，都是需要干活的人。你从未参与过各种斗争，上一任领导视你为干活的人，下一任也会这样看待。你相信我，你踏踏实实把活儿干好就行，新的领导也需要业绩，也需要干活儿做事的人。"

这句话点醒了我，如果定位自己是一个干活儿的人，那么在各种旋涡中就会心安，与人与是非保持距离，是种自保，更是长久的立身原则。事实证明也的确如此，当时上一任领导的"人"几乎全部被"清洗"，我是唯一一个留下并且被提拔的人。

后来，我离开这家学院去到下一家学院工作，学院的全套班子给我饯行，摆了两桌，我平生第一次大醉。也就是那次，我特别感动，也特别感怀：在职场里，需要保持距离的，不只是负能量的人，也有负能量的事，比如所谓的站队。

身在职场这么多年，我从来不和领导单独吃饭。在长江商学院，大家都知道我和院长认识很久，从1997年到2020年，我和院长已经认识23年了，我们只单独吃过一次饭。那是在2002年，院长准备创办长江商学院，与我聊起未来愿景。除此之外，这么多年再无第二次单独的饭局。所以，我们要把同事的关系摆得特别清楚，就是一种工作关系。

当你单纯了，复杂的职场就简单了。老公的那句话对我后来的职场生涯影响特别深——你把自己定义为干活儿做事的人，而不是谁的派系，这一点极为重要。

职场有时候无风也起波澜，即使你不愿站队，但总有人给你贴标签，议论你是某某派系的人，我对此不辩解，更不会参与其中。职场中人，前前后后里里外外保持一致，应该是聚焦于事，而不是聚焦于人。

跨部门沟通：我能为你们做点什么吗？

跨部门的沟通，需要先想清楚，我与对方之间的连接是什么？我们的共同利益是什么？部门与部门不是对立的，更不是你死我活、你荣我衰的状态。

当然，在现在很多互联网大厂，有时候会同时启动多个项目组，尝试类似的新创意，互相 PK，刻意制造内部竞争的关系，以期筛选出一个真正有竞争力的产品。

对于更多传统企业的常规运营，部门与部门之间的目标是一致的，大家是联动的，是平等的，也是互相扶持的。

长江商学院有轮岗的制度，过去在校友部工作的同事，今年轮岗做招生，才发现招生这项硬性任务挺难的。这个时候，你会懂得其他部门的压力与责任。我们需要换位思考，与其他部门的同事沟通，坦诚以待，不妨问一句：我能为你们做点什么吗？

我们也许做不了什么具体的事情，但这种真诚的态度，才是

53

推动跨部门合作的前提。

世界是你的，也是我的，更是大家的。领导最烦的是什么？是部门之间的互相攻击。就像父母最怕孩子吵架，作为领导，手心手背都是肉，维护哪个？批评哪个？如果部门有矛盾，最直接的方式应该双方去协商，而不是向领导告状。

有的职场积弊，正好需要一场冲突来解决

我到长江工作之后，出差频次越来越高，工作忙，压力大，在带娃这件事上，偶尔和老公拌嘴，我担心老公不理解我的着急。幸好家人体谅，老公说："拌嘴，大家都把问题摊开说出来，吵架，也是一种沟通。"

我听了这句话，觉得好有哲理。记得网上有篇爆款文章，就是聊如何正确地吵架。你和你的伴侣无法避免冲突，你和你的孩子无法避开冲突，你和同事之间也难免遇到冲突，重要的是，我们怎么面对冲突？

不是所有的沟通都是和风细雨，有时候难免遇到劲风暴雨，这时就需要正视冲突，不当鸵鸟。

像我们这样有一些管理职责的人，经常要为下属争取一些权益，为自己的部门多争取一些利益，自然会和前端、后端部门发生冲突。我又是性格外向的人，看到不公平又忍不住去说，就容

易和别人发生冲突。

冲突其实是一个中性词。第一，它不是一个常规理解的坏事，一场冲突会揭开许多问题沉重的井盖，曝于日光下；第二，要控制住自己的情绪，对事不对人，核心不是要整谁、敌视谁，而是要为公司疗愈沉疴，解决问题。

关于冲突，要学会适当收场，得理也须饶人，更重要的是控制自己的情绪，不要忘了初心是什么，也不要拿别人的错误惩罚自己。

几年前有次大冲突，我十分愤然，萌生了辞职离开换工作的想法。当时我是一个中层的管理者，换了一位新领导，各种八字不合，我一再忍让，直到最后对方提出了三点罪状。我一看，完全是无中生有、无稽之谈，我抓住这个把柄，把整件事捅到了学院的最高层。

当时的我特别生气和沮丧，感觉自己受到了侮辱。心底暗下决心，如果学院不解决这件事，我必然不会罢休，就是辞职，也要让对方正式道歉。后来，学院一位领导和我谈心，他劝我说："在职场中，所谓的理儿，所谓的结果，你要把它放长远来看。你不要让你的领导在冲突中左右为难，非要判个对错。你退一步，其实也是给你的领导一个面子，和冲突的人无关。"

事情对错，你是什么样的人，时间会证明一切。如果立刻让领导判个对错，也是为难他。

为什么不让时间来证明你的正确？领导说。给自己，给对方一些时间，让时间来说明一切。

现在说起这件事，我依然忍不住热血上涌，依然会觉得委屈。

让人欣慰的是，三年过后，时间证明了我的判断。而关于这次冲突，我也需要放下，不要拿别人的错误一再惩罚自己。

在职场中，冲突升级的事情屡见不鲜，大家吵来吵去，都在争一口气，反而忘了目标是什么。在解决冲突的过程升级了冲突，反而越发偏离目标，这样的职场案例层出不穷。

有时候，你做到了充分沟通，愿意示弱，或者适当示好同事，但依然融化不了对方冰冷的心，此刻的你，不要自我否定，也不要徒耗精力，非得和对方一遍遍地解释，努力说服或者改变对方。

你永远叫不醒一个装睡的人，同样，你也改变不了一个不愿改变的同事。

远离职场负能量人群

　　我在北大工作的时候，当时是一个小部门，十几个同事相处愉快，叽叽喳喳欢声笑语的，只有一位同事，性格沉郁，每天板着脸，把不开心天天挂在脸上，问她怎么了，她又拒绝敞开心扉和大家聊。每每她来办公室，一副噘嘴负气的样子，办公室里原本轻松的气氛马上冷却了。

　　她还有牢骚，抱怨同事不睬她，我就逗她，也是提醒她："这两三年里中午领盒饭，大家三三两两地结对去领，但唯独你觉得这件事与己无关，每天中午稳坐格子间，等待别人送来盒饭。"

　　小事最显德行。我对她说，你开心一天，不开心也是一天，何苦呢？你连一个盒饭都不肯为同事领，难怪大家都与你保持距离。

　　我把职场的负能量人群划分如下，如果你发现有同类特征的人，请速速远离。

　　提前声明：我只是总结职场负能量集中人群的特征，不论其他，也不分男女。

其一，八婆。职场上常见一种同事，以传播各种小道消息为己任，得到一些支离破碎的信息，就以为是怀揣了公司机密，四处散播，或添油加醋，或自我加戏，或有所指引，唯恐公司不乱。

其二，事妈。安排工作，别人默默执行，唯有一些同事，挑肥拣瘦，问东问西，别人是老黄牛默默耕耘，这类人是到处串科室，煽动情绪，挑拨关系，比八婆更令人厌之。

其三，怨妇。职场八婆，厌之；职场事妈，憎之；职场怨妇，是让人且怜且恨的那个群体。职场经历久了，你会发现，可怜之人，必有可恨之处。职场的祥林嫂比比皆是，这些怨妇类的同事始终沉溺在低沉的情绪中，劝不得拉不动。

针对职场负能量人群，我有个简单粗暴的原则：远离他们，结交正能量的人群。

发现你的职场小贵人

我入职中欧时，李月庆先生是高管培训部门的副主任，同事们都亲切地叫他"李先生"。现在想来，李先生应该是我在商学院的第一位职场贵人。

李先生是中欧三位元老级创始人之一，他拥有不屈不挠的敬业精神，善于关注细节，对结果导向进行把控，同时他为人正直，给职场新人以机会，从不歧视任何一个在职场角落的小萝卜头。

回想起来，我在职场最初积蓄的信心，都来自李先生的鼓舞，在此，我致谢致敬。

2003年，我报考香港科大MBA。香港科大与海外院校一样，都是提前一年招生，需要托福和GMAT过关。我是2003年春天才报名的，当时，科大早已截止报名，9月开学在即。

我向香港科大发邮件申请，说明因非典无缘考试，我自证自己本科英语专业八级，过往工作中英语也一直是我的工作语言，底子都在。

科大商学院的副院长是美国人史蒂夫·德克雷（Steve DeKrey），他大概是看到我的潜力，一路开绿灯，特批我入学，还提供了奖学金。史蒂夫是我职场的第二个贵人，入读香港科大是我成长的一个重要节点。

MBA 毕业后，史蒂夫更支持我留在香港科大工作，我从北大来到长江工作，推荐信也是他所出。

史蒂夫是行政管理出身，先后在世界各大知名商学院任职，他的职场发展，突破了大学里行政人员的职业天花板，他是一个行业标杆和榜样，由此我看到了职业精神与高度。

在职场中，你总会发现，有那么一群人，他们天天朝气蓬勃，遇挫不馁，拥抱变化，充满力量感，请赶紧靠近这些自带快乐能量的同事，与他们并肩作战。

我觉得自己一直很幸运，就是总能找到生命的小贵人。这个小贵人，有里有外，家中的贵人当然是我的老公；职场的小贵人，我们称之为 Master，中文可以叫师傅或者是领路人。

我在北大光华当班主任时，常常向一位大哥哥请教我在工作中遇到的问题。他是我姨夫的学生，企业做得风生水起，比我大七八岁。他的身份与年龄与我班里这些商学院的精英学生相符，同等圈层的人更理解彼此的想法。我常常就工作的困惑请教于他。他站的位置比较高，又是局外人，总可以给我一些特别实用的建设性意见，让我茅塞顿开。

如今，学院领导和我谈到一些工作，想不通的地方，我常常就此请教大哥级的顾问团。他们是我过往的校友，是优秀的企业家，更是多年的好朋友，陪伴我一路走来，帮我解析领导的想法。他们的级别与院长接近，思维模式是一致的，自然更容易理解各种决策。

刚才提到，几年前我在长江发生过一次大的冲突，负气之下，我有了离开长江的想法，也拿到了外面的 offer，我向几位大哥级的朋友请教，是去是留。

我纠结于是否要离开北大加入长江之时，也问了几位大哥级朋友的意见，大多数朋友投的赞同票，由此坚定了我辞职的意愿；而当我萌生去意准备离开长江的时候，所有的人居然都投反对票，这些朋友的客观反馈帮我打消了冲动。

没有对比，就没有思考。

我从来不主张一个人一辈子待在一家公司，我们随时需要有改变的勇气，但不要冲动。当我的情绪慢慢平息下来，理性思考，长江有很多东西是我蛮喜欢和在意的。在长江，始终有一种治愈的力量令我难舍。

关键时刻，聆听贵人的建议。如果你是职场的新人，我特别建议你拜访一下业内的资深前辈，聆听行家的建议，也许会有"听君一句话，胜读十年书"的顿悟。

除了自己事业的一亩三分地，我们也要认识一下其他团队、其他科室里能量爆棚的同事，跨科室联络，你会更好地理解公司宏观运作的脉络，从不同的角度理解领导的决策。

除了大哥级的顾问团，我有时候也会特意认识与自己年龄有差距的同事，比如和年轻的小朋友聊聊，听听他们的世界观。

第四章

下级同事管理篇

越分享越拥有

今天如何定义管理者？

我在中欧工作的时候，听过一堂经典的管理课，可谓受益终身。授课的教授是来自英国的霍华德教授。霍华德教授这样定义管理者（manager）：管理者不是自己来完成工作，而是通过别人来完成工作。

最初听到这个定义，我就乐了，"管理"这工作不错啊，符合我一贯喜欢"偷懒"的风格，不用自己做，让别人做，这个工作我喜欢，我得当管理者。

在职场最早期，我就发愿要当一个管理者。每当我定了一个工作规划后，我都在琢磨如何可以不要自己独自来完成，而是带领团队一起来完成。

当我有了这个目标后，我就开始思考我需要给予别人什么，或者通过什么方式可以让别人来完成工作。

近来读《茑屋经营哲学》这本书，了解到茑屋书店的创始人增田宗昭的管理师承。增田宗昭深受美国人际关系管理大师卡耐基的影响，每次新人入职，他总要送几本书给新员工，其中就有卡耐基的著作，书中一则故事常被提及：

且说，路边横卧一头硕大的牛，挡住了行人的去路，有人想用绳子把牛牵走，无论怎样驱使吆喝，蛮牛纹丝不动。另有一名行人，若有所思，他取来牛喜欢吃的青草，置于牛鼻前面，嗅到味道，这头牛霍然站立，循味而动。

这则故事告诉我们，如果想使人行动起来，是讲究方法方式的，是需要知识和技巧的。

作为一名管理者，需有团结人、调动人的能力，重要的是，还要具备一定的技巧和方法。通过别人完成工作，知易行难，这个定义有两层意思：一是通过别人，二是完成工作，其中就有管理团队、达成目标的双重标准。

我们身边，业务能力很好而团队管得很差的管理者比比皆是；反之，大家伙一团和气，任务经常搁浅，这也不是一个好的领导者。

让别人搬砖，为你盖房子，这其中有大量工作要做。引领团队是管理者的本分，就是要教会团队成员自行开展工作。很多成员都是从头教起，从零学起，一点点进步，伶俐的一点就通，拙朴的就要再三督促、点滴鞭策。

向下管理的两个常见误区

一聊到向下管理，很多朋友的第一个反应是：在公司，我也不是大老板；在社会，我更不是什么官员，向下（下级）管理和我有什么关系啊。

这是一个常见的思维误区。比如在职场，你带过实习生，有一个小助手，或者负责一个项目，在小团队中虽然没有那么明显的层级划分，但也有主次之分，如果以你为主，那么你就是一个小小的领导者，就应该有下级管理的意识。

向下管理有两个误区：一个是甩手大掌柜；另外一种更为常见——事必躬亲、诸葛亮型的领导，操心忙碌的命。

聊起甩手大掌柜型管理者，我想起身边很多企业家的人生起伏与转型。

很多我熟悉的校友，带领团队奋斗多年，公司上市后，很多人就把公司交给职业经理人打理，自己过起了闲云野鹤的日子。

但我们发现，这样的公司大多数逐步陷入低谷，连年亏损。创始人不得已重操旧业，归来掌舵，亲率团队，运气好的起死回生，运气差的就一蹶不振了。

作为管理者，你当头儿，名利双收，不出力又不操心，这样的奢望还是不要有。

事必躬亲的管理者，也得要区分人和事。如果你是大企业的领导，关注细节并不是一件坏事。重点是中层领导，也就是部门经理这个位置，需要懂得放权。

我有个同事就是较真型的管理者，她从基层做起，兢兢业业，做到了项目主任。然而成为部门主任后，她依然无法改变自己的工作习惯，总是花太多时间，去揪文件里面的哪个字错了，哪个分值算得不对，很多会议因此变成了"修改文档"大会。

当你成为一个部门的领导后，要相应减少做事的时间，需要花更多的时间在人身上。要关注人，要关照到团队中每个人的情绪，思考怎么调动大家去干活，要思考如何让大家少犯错，而不是自己沉迷于改表纠错。

这种细节的错，一辈子也改不完，部门领导的工作应该是建立一种制度和规则规范，让大家不再犯错。

再比如我们另外一个同事，一个短期培训部门的主管，她的个人业务能力很强，是部门里面的王牌招生老师，勤奋努力，恨不得部门三分之一的业绩都由她一个人包下。前不久她被升为部门主任，我调侃她："现在开始，你不能再是部门的第一头牌招生老师啦。"

她一愣："为什么呢？"

我说："作为一名管理者，你更应该带领部门同事们，让他们得到培训和实践，教大家怎么去完成任务。"

作为主管，可以一年招一百名优秀的企业家，牛吧，可累死你也招不到一千名。你是职场最靓的仔，但你不是合格的管理者。你更应该做的，是想办法训练出一个招生团队，培养出一批比你还优秀的招生老师，去完成部门的目标。

一个中层管理者要做好上传下达，首先需要领会清楚上级的意思，确认好目标是什么，然后把你领到的任务拆解开来，分配给团队其余人员，使得团队的每一个人责任明确，携手共进，一起完成任务，达成目标。上传下达切忌当一个简单的传声筒，而是要做目标的黏合剂，领会上级的目标，拆解目标，分配目标，然后督促团队一起完成目标。

所以，我常提醒同事，应该更多地关注人，而不是关注事。

职场没有好员工与坏员工之分

聪明的管理者一定要学会"偷懒"，如果事必躬亲，过分纠缠细节，就会影响整个团队的参与度。

我的偷懒秘籍，第一条是要善于发现每个人的优点，发挥每个人的长处。

环顾左右，你会发现人无完人。多年前，我读过一本书《发现你的优势》。这是一本非常经典的管理书籍，是两位麦肯锡金牌咨询师的著作，读后对我启发很大。

我们从小到大的求学过程，基本上是一个补短板的过程，数学不好，就要好好学，否则考试拉后腿；英语不好，马上请辅导老师，必须补齐；但是等我们到了职场，突然发现职场是一个定位你长板的地方。

每个人都有所长所短，职场上策是将自己的长处发挥得淋漓尽致，下下策是拿自己的短板与别人的专业竞争。

作为管理者，你没有义务反复纠正同事的短板，重要的是将他的长处发挥出来。管理者的工作，不是要把每个员工都变成一个完人，而是用之得当。

第二条偷懒秘籍，不要和同事的小缺点较劲儿。有的同事做文案，很马虎，丢三落四，但这样的同事心很大，乐意与人沟通，管理者可以考虑调整其岗位，鼓励他找到合适的位置，点燃自己的小宇宙；有的同事木讷不善言辞，但态度严谨，也许可以考虑安排在幕后工作。

我曾经有个同事，思维活跃，想法天马行空，是个难得的军师和智囊，但他不擅长落地。我经常鼓励他讲出创意，交付给执行力强的同事落地，如果十个有一个可以奏效，那么功劳簿上就应该为他记上一笔。

有一次我直播聊职场管理，说到女儿睿宝常说我是凶巴巴的妈妈。之后遇到学院的一位教授，她很好奇，说："温和的格蕾丝（Grace）还有凶巴巴的一面吗？"我说："人都有脾气，参悟管理的过程，也是戒掉情绪的过程。"

我原来很喜欢给同事贴标签，现在越发觉得应该用开放的眼光看待人。天生我材必有用，每个人都有自己的能量场，每个人都是一个宝藏，管理者要盯着其优点，鼓励每一个成员发现并运用自己的优势。

职场二十年，我对管理工作也有层层推进的理解，以前我会更看重事情的结果，完全是结果导向，现在会越来越关注人，在达成目标的过程中，更关注人的情绪，关注人的优缺点。

过去，如果某个员工不好好干活，我会直接辞退这位员工，但现在我会想，会不会有什么办法来调动他的工作积极性。

今天，我更相信不存在好员工和坏员工之分，只有适合和不适合而已。人与人、人与岗位是讲究契合度的，在一个岗位或一个项目组干得不好，调动一下岗位，也许就会顺了。

不是所有的管理者都会拥有称手优秀的团队，如果你手里的牌面很差，怎样通过组合打出一副好牌？对于一名优秀的管理者而言，能否用好一个在别人眼中不怎么样的员工，点石成金，让一个后进生成为学霸，这才是管理者真正的骄傲。

如何和年轻人愉快地相处

现在的职场，越来越多的"00后"入职，不少"95后"已经是公司的骨干力量，怎么管理或者如何与年轻人愉快地相处，是今天的管理者遇到的新命题。

回想我刚入职场时，当时的舆论环境是社会上评价我们"70后"如何如何，后来是"80后""90后"，现在的"00后"也初入职场啦。其实，职场上的代际更迭是一个很正常的事情，不必过于刻意地以年龄段来划分。

现在之所以常常把"95后"单独拎出来聊，不仅仅是因为年龄，而是这拨年轻人出生的时代背景变了，因此，"95后"这一代的职场人士与过去的人工作心态有所不同。

"95后"对职场的忠诚度在降低，他们在富足的环境下长大，更加追求自我的表达，追寻自我的意义，工作只是生活的一部分，不愿做出太多牺牲：凭什么我要加班，凭什么我要对公司付出更多？他们面对工作的态度很现实，有着此处不留爷自有留爷处的任性。

年轻一代的职场人士观念多变，任性有余，洒脱不够，有时代赋予的多元生活方式，却常常陷入选择困难中，在各种抉择上，往往又依赖管理者的建议。

国内的"95后"基本是独生子女，从小生活在万千宠爱于一身的家族中，一旦走向职场，抗挫能力差。近年来，新闻媒体时有报道，出身名校的学生过得不如意，负气走向极端的案例。

做管理久了，也会有惯性思维，总觉得自己的判断就是对的，要打破这种迷思，换位思考，站在年轻人的角度去看这个世界。允许年轻人去试错，在小事上让其试错，成本没有那么高，但如果能通过一件事锻炼队伍，为什么不去试一试。

还是带孩子那个道理，你不让他们去尝试，他们肯定不甘心、不死心，试一下，验证了结果，证明了领导的决策是对的，下一次，他可能就会按照你建议的方式去做了。

管理者应该多积极鼓励员工去尝试，变个法儿，也许最后的结果会更好。

四年前，抖音刚流行，同事建议在抖音投放 MBA 招生广告。我当时判断，抖音的受众群和我们的招生目标群体不搭，但考虑到不影响同事的积极性，决定放手让同事去试一试，结果不是特别理想，但是我们得到了很多有益的数据。之后我们不断调整尝试，最近两年，抖音已经是我们最重要的投放渠道，效果开始显现。

在网络时代，工作充满变量，变化或行或否，或好或坏，总是在不断调整。我们看不惯的、看不懂的、瞧不上的，可能就是未来的主流。

所以，不要轻易给年轻一代的职场朋友打上"巨婴"的标签，他们自有脆弱的一面，但对流行文化的感知，对社会潮流的跟随，都是敏感的。和每一代的年轻人一样，他们渴望挑战，渴望刷出存在感，如果用之得当，大可以交付新人们更富有挑战性的工作。

记得任正非说过，一个科学家在公司，是否投入工作，这件事是没法考量的。唯有赢得同事的信赖，给予其安全感，才能真正调动员工的积极性。现在的职场，很多是高知，都是活生生的人，努力工作和不努力工作的差别，其实很大。

在向上管理篇章中，谈到了对上级领导保持距离感的必要性。与之相反，我愿意和下级打成一片。就像带孩子，当孩子主动和你倾诉之时，正是打开孩子心扉的最好时机。同样，当一个同事愿意和你聊聊私事，主动约你谈心，其实是信任你的表现，作为管理者，你要抓住这个绝佳的机会，拉近和同事的关系。

我有个年轻的同事，家人重病，一度被迫请假离岗。那两年，她遭遇不幸，但从一生的角度来看，路其实还很长。作为管理者，你需要关照到每一个同事，人心都是肉长的，在同事遭遇人生低谷的时候，你帮扶一把，滴水之恩，人家会记住一辈子。现在，我和这位同事分开多年，但每年我过生日的时候，她总会寄来精心挑选的礼物，让我特别感动和温暖。礼轻情意重，这份挂念，让我为自己的工作感到骄傲。

在职场这么久，难免会辞退员工。无论是主动离开，或者是被动离开，如果条件允许，我一定会号召同事们聚餐为其饯行，也会特别选一个略贵重的礼物送给离开的同事。

送礼物给离开的同事，赠送惜别的心思是真诚的，也希望他不要带着一肚子火离开公司，对老东家有些许善意，给彼此一份体面。

2020 年，一位同事被动调岗，走之前，我约他吃饭，除了安抚其情绪，我也直言说出这位同事一些不妥的地方，比如执行力欠缺，没有完成承诺的工作。

这么做，其实是为了让他成长，更可以帮助他在下一份工作中把握机会。只要是真心真诚的沟通，我相信对方是可以领会到这份情意的。大家都是成年人，都有理性的一面，把事情摊开来说，相信彼此都会理解。当然，对方如果不领情也没有办法，今天所做的一切，初心是为了先让自己心安，自己尽到心就好了。

赞美须真诚，批评须谨慎

长江商学院的晓萌教授讲授领导力与激励学，研究证明，赞美和夸奖是有长尾效应的。

渴望赞美是人性的刚需。说得直白些，拍马屁这件事，真的是越多越好。

我常说，职场管理和家人相处的道理是一样的。对待员工和对待孩子一样，一定要多鼓励，在公开场合表扬他的优点，在私密场合提醒他的缺点。

管理者要有一颗善于发现下属优点的眼睛，表扬也有窍门，一要及时，二是具体。

夸下属，和夸孩子同理。表扬孩子，切忌泛泛地夸赞可爱、真棒之类的，要夸到点子上，比如今天的作业哪几个字写得漂亮，房间的玩具摆放得整齐，等等。

下属表现到位，也应该及时激励，给予肯定。今天做得好，一周之后再去点赞；上半年表现优秀，年终盘点再褒扬，就失去了激励的意义。

管理者要记得，表扬也有保鲜期，过了日期的表扬就变味走样了。

管理者的能量在于，要把激励的力量传递给团队的每一个人，比如可以点赞同事的某一条文案很赞，和客户互动的效果很好，一定要具体。

我有个同事每次转发学院活动预告的时候，都很花心思：不同的群，转发语不同，既契合主题，又关注特点。我经常会特意截屏，发到同事的工作大群，赞其用心。

无公开，不表扬。

当众表扬才可以将表扬的效果最大化，每个人都有被关注被点赞被激励的需求。一句真诚的赞美，例如赞美前台今天的口红漂亮，楼下的保安执勤到位，快递小哥的细心体贴，一句话，可能换来同事一天的好心情，很是划算。

赞美需真诚，批评须谨慎。

批评更要具体，你不能说这个人不好，你太让我失望了，而是要指出具体的事情、具体的行为哪里不对。就像批评孩子，不要模糊地说你就是一个坏孩子，你已经没救了，而是点醒孩子具体的不妥行为。

一般不到万不得已，我不会在大群批评某人。除非必要，事态紧急，才会公开批评某人，也是为了警示其他人，以儆效尤。

我们每个人都要面子，无论是你的上级、平级与下级同事，公开批评都是一枚爆破弹，破坏面太大，谨慎使用。公开批评一个下级，对于他的自尊心是个重创，时间长了，这个人可能就毁掉了。

过去我的脾气比较冲，在北大时，看到一个同事做事处处拧巴，我特别生气，有意重锤点拨，说你怎么那么笨啊，怎么那么傻。

结果，人家不知我用心良苦，告了大领导，我的上级很严肃地找我谈话，质问我为什么攻击同事。我也是一肚子委屈，明明是这个下属办错了事，难道还不能说吗？

领导语重心长地对我说："同事做事情，或对或错，可以针对某个具体工作说，但不能上升到点评同事的智商。也许某个同事真的拙笨，但评论这个是职场大忌。"

我恍然大悟。所有的技能都是可以训练的，没有人是天生的管理者。

从这件事上，我悟出无论赞美还是批评，都要具体，尤其是批评，更要特指某件事，切勿连带到同事的人格与智商。

沟通有个常用的汉堡包法则。汉堡包上下是面包，中间是牛肉。年底做评估，点评下属，常常用到这个法则，不能劈头盖脸一顿批评，把人批得一无是处，我们需要迂回一下，有肯定有批评，但重点是夹层中的"牛肉"，是批评。

年终总结或者年终评审，该表扬的早就高调夸过了，而内部讨论需要点出问题所在，哪里不好，哪里需要修正，管理者要给下属具体的改进建议。

批评过后，还需多多鼓励，期待未来进步。此时，批评才是沟通的要点。这和带娃一样，打一巴掌还要揉一揉。

对于同事的工作疏忽和失误，我会严厉地批评，当下属或者孩子犯错的时候，你不去批评指正，其实是对他不负责。但批评以后，还要择机关怀一下，比如第二天找个机会，鼓舞一下这位刚刚挨批心情低落的同事，让他尽快恢复自信心，早日投入工作，做得更好。

管理者要有危机意识

领人带团队最重要的是什么？是自我管理，是做好自己，身先士卒，这样才能让下级信服。

疫情给管理教育带来新的挑战。学院工作完全停滞，大半年都没有恢复上课。怎么办？上半年是我们的招生季，错过了上半年，其实就错过了一整年。我试着在B站、小鹅通、企业微信、腾讯会议各种平台上，带领团队一起做线上直播，做招生宣传。

只有切身体验过，才有可能带队前行。对我来说，从来都是身先士卒。

我在北大工作时，彼时微信崛起，公众号还是一个新鲜事物，我建议学院也要在微信发声。有同事有异议，说北京大学诸事不宜，需谨慎。于是我先开一个自己的公号试水：睿妈看教育。不经意间居然成为小V。更重要的是，当你切身去做，就会知道整个事情的流程，作为领导者，才有信心指导别人。

想了解桃子的滋味，亲自尝一口，才有发言权，这是颠扑不破的大道理。但是，在各直播平台体验一圈后，我就停止了直播。为什么？作为一名管理者，不要沉迷于做细节，而要时刻记得打造一个梦之队才是你的核心职责，千万不要因为自己玩嗨了，忘记了肩上的担子是什么。

疫情期间的各种线上尝试，我觉得反而印证了一件事：像商学院这种高端培训，至少是目前的网络技术所无法替代的，因为技术解决不了场景交互，解决不了这些核心人群线下交流的气场效应和互动的需求。比如我们的很多课程，邀请到顶级企业家与同学们直接对话，这种面对面的碰撞，是技术无法营造的。

只有持续创新，才能走在时代的潮头。长江的课程也在不断创新，这个月的案例，到了下个月可能就过时了。我们不少教授，每次上课都要换全新的课程内容和案例。

对付抄袭最好的方式就是不断创新。我们在线上直播做招生，别的学校也来学，这很自然，无可厚非。但是没关系，等其他学校开始尝试做直播的时候，我们又改成线下活动，随后开始做实践课堂。

持续创新者，不怕抄袭者，不怕跟风者，你可以复制我的上一步，但无法知道我的下一步。

疫情给这个世界带来更大的不确定性，每个管理者要有必要的危机意识，当然，危机意识不是让你天天焦虑惴惴不安，而是要把创新当作一个常态。

越分享越拥有

近年来，我越发感悟到一个道理：越分享越拥有。今天的职场无秘密，不要把自己的一点经验视若珍宝，秘不示人。

互联网时代是一个去中介的过程，知识更新迭代很快，你当成宝贝的资源和经验，很可能已经过时。

分享是一种美德，你将自己的经验与跳过的坑分享出来，大家看了有共鸣，纷纷与你互动，反馈自然会促使你有更多的思考。

有的职场人本位主义很严重，一个客户不来我的项目，去了别处，我的业绩就歇菜了，所以故意抬高门槛，高筑信息的墙，反而阻碍了自己的事业空间。

关系越用越有，交情都是彼此麻烦出来的。我们能做到的就是人与人的沟通与连接。

人常说，近亲不走动也会疏远。同事之间，朋友之间，本来熟悉，但长久不联络，也会有距离。如果你和朋友分享一篇有价值的热文，时不时问候一下，咨询他专业领域的事情，朋友有了困难，及时知情，鼓舞加劲，这样就可以拉回大家的亲近感。

做这些小事，你并没有失去什么，反而拥有了更多的可能，所有的关系都能为你所用。

我们说了很多管理的方法论，管理的内核其实是爱。发自内心地爱你的团队成员，不求回报。

索求回报，是管理者的心魔。一旦有了这个心态，就会破坏你和团队的关系。

如果管理者有了这种心态，自己就会容易受伤，天天各种碎碎念：我对他这么好，带他出道，没有回报也就罢了，现在反而向我谋利谋功，甚至把师傅我一脚踢开，另立门户。

带团队就像带娃，一个妈妈要求孩子将来回报什么？带的过程，就是快乐，看着同事一天天成长，也是快乐。欧洲的亲子课中常常提倡无条件养育，我也提倡职场中无条件管理。

之前几章，我们聊了职场的向上管理、平级管理与下级管理，我一直说职场管理与生活都是相通的，你不妨问问自己，在生活中，你的上级是谁，平级是谁，下级又是谁？

职场管理分为对外管理和对内管理。下面的章节，我们会聊到对内管理。

人生需要目标，职场需要方向，我们先从目标管理说起。

第五章

时间管理篇

不是做更多的事
而是做有意义的事

活在当下，绽放每一天的精彩

前面几章，我们聊到对外管理，从这一章开始，从外开始向内延伸，聊聊目标与时间的管理。

职场上，大家看到的我总是台上台下风风光光的。对生活中的我，睿爸和神兽睿宝却有一个共识：凶巴巴的弱智女。

其实没有什么岁月静好，所有人的生活都是一地鸡毛。朋友常常问我，怎么做到职场和家庭两方面都从容不迫？事实上我和大家一模一样，也一样都是鸡毛蒜皮，很多糟心和怵头的事儿，关键是要有一个很好的心态，一个正确的态度，或者说就是一个管理认知的过程。日子哪怕是一地鸡毛，咱也要铆足劲把这一地鸡毛变成五彩缤纷的鸡毛。

2020年春，疫情骤起，长江的同事设计宣传海报，问策于我，我脱口而出："如果再给你一次机会，你想过什么样的生活？"

这个问题，不知道大家想过没有。疫情紧张的时候，宅在家里，去哪儿都受限，此时，你想要的可能是自由；等疫情解除还彼自由身，想要的大概就变了。

你想过什么样的生活？这句话我想表达的不是短期的诉求，而是一辈子的目标。城市的生活匆匆忙忙，疫情是一个暂停键，让我们停下来想清楚，到底想要什么。朋友们喜欢跟我聊天，大家常说，聊后觉得充满了正能量，觉得杨老师满满是正能量，也觉得杨老师活得很幸福很开心。

幸福是一种感觉，幸福这个概念，很宽泛很自我，但也很具体，幸福的感知是来自自我目标的达成，也就是本章我们聊到的目标与时间管理。你怎么认知自己过得幸福不幸福呢？就在于你的人生目标到底是什么。有关管理，我习惯从远及近，层层来推，当你把人生的目标想清楚，后面的很多东西，就迎刃而解了。

儿时睿姥经常对我和姐姐讲，女孩子学习不好是没有出路的，只有学习好才有好工作。结婚以后，睿姥总提醒我要照顾好老公和孩子，不要只顾工作。

我姐与我年龄相隔大，刚刚退休。一次，她打开话匣子，诉说各种烦恼。我劝她给自己放一个假，看看山清水秀的风景，切换一下生活的场景。可我姐又大呼，怎么能够出得去？家里事离不开。我姐虽然有牢骚，但其实她是幸福的，因为这就是我姐的生活，她的期望就是和家人在一起过平静的生活。

姐姐的目标就是相夫教子，陪伴孩子长大成才，这是她的人生目标，也是她的幸福源泉。

每个人的目标都不一样，无关对错，有舍有得而已。职场女性有太多纠结，这个放不下，那个忘不了，家庭啊工作啊生活啊婚姻啊，处在一锅乱炖的状态，最根本的问题就是一直没有理清楚自己的人生目标到底是什么。

2017 年，我出差去了北欧几个国家，其中挪威、丹麦、瑞典都是世界上幸福感排名前十的国家，北欧国家的高福利的确让人印象深刻。

同年的"十一"假期，我们一家去不丹旅行。不丹是个南亚小国，在 20 世纪 70 年代，不丹国王提出国民幸福指数（GNH），并致力于把幸福作为不丹的标签。

飞机在不丹唯一的国际机场降落时，我惊呆了，这个国家的航站楼较之国内很多地市级的汽车站都不如。不丹仅有约 80 万人口，旅途十天，我们穿越了不丹东西，竟没发现一条四车道的马路，山区的运输工具，甚至多以牛骡马为主。

按照经济标准，这肯定是一个不幸福的国家啊。我一路困惑。不过与当地人交流，能明显感到笃信宗教的不丹人的淡定从容。

我是酒店控，考虑到不丹的住宿环境，我们决定轻奢一把，安排了安缦酒店，只有露营那几晚，要在野外露宿。

返程时，我问女儿："这一次旅行最难忘的是什么？"

睿宝说："露营的晚上最开心，爸爸妈妈在身边，第一次在户外睡觉。如果未来天天露营，就太好了。"

我和睿爸面面相觑。孩子的感知是童心使然，没有社会经验的束缚，我们以为星级酒店舒适，而孩子却觉得简陋的露营最开心。

所以说，目标管理和每个人的期待值有关，人生的每个阶段，追求的目标其实很不同。

在目标下做时间管理

目标管理与时间管理殊途同归。

时间是人生的财富，合理安排时间，才能达成工作目标，陪伴家人，发展爱好，充实自己。毕竟，人生的一切是由点滴时间积累的。

如果用一个字形容现在的生活，你会用哪个关键字？可能很多朋友都会用"忙"来概括。每天忙忙碌碌，但到底在忙什么，为谁辛苦为谁甜？我们忙碌的目的是什么？这是一个核心问题。

很多职场女士都是八爪鱼妈妈，家里家外两头忙，即便从八爪鱼升级为九爪鱼，我们所做的事情也很有限。做时间管理的关键，不是要让自己做更多的事，而是让自己做更有意义的事。

首先，我们先来定义什么是有意义的事，再来谈时间管理。

我听过一个故事，至今念念不忘。

课堂里，讲台上放了一个空空的水瓶，教授先取出一枚鹅卵石，大小比瓶口略小，刚好可以通过。石落瓶底，铿然作响，瓶中空间绰绰有余。

教授微笑着问满座的同学们："瓶中还可以盛物吗？"

同学们异口同声地说："可以。"于是，教授取来碎石，缓缓倒入瓶里，然后，询问的目光投向同学们。大家交头接耳，些许讨论后，有人举手发言道："水瓶还不满。"

教授变魔法似的捧起一袋细沙，慢慢倾入水瓶后，微笑看着大家。此时，沉默了一会儿，有细心的女同学柔声说："还可以装下别的。"

教授欣然点头，继续斟入清水，眼见水溢瓶口，此时的水瓶已经盛满。教授问："我们可以从中可以学到什么？"

有的同学感慨惜时，一万年太久，只争朝夕；有的同学发现，做事情应该讲究顺序，如果先注满清水，那么水瓶中就无法盛下其余。

下课铃响了，教授点破了这个小实验的要旨："我想告诉同学们的是，如果你不将大的鹅卵石先放入水瓶，那么你以后就没有机会啦。"

各位朋友，你有没有想过，什么才是你生命中的鹅卵石？梦想？信仰？家人、伴侣和孩子？或者是奋斗的目标？

故事中的水瓶就是时间，面对人生中这款有刻度、有尽头的时光魔法宝瓶，我们应该把最重要的东西放入，这就是在目标下做时间管理的意义。

人生为什么要追求小赢

我们常说一年之计在于春，英语中，也有 new year resolutions，新年写下你的年度计划。有的朋友，目标立了，计划写了，一年过去，依然空空无获。就像网络上流行的一句话："为什么我懂了这么多道理，还是过不好自己的人生？"计划搁浅，目标停摆，很多源自目标定得不合理。

国际上流行的目标设定遵循 SMART 规则，一个聪明合理的目标需要具备五个要素，S 是 Specific，目标设定需要具体；M 是 Measurable，目标是可以被量化的；A 代表 Attainable，目标是可达成，而不是不切实际的；R 指的是 Relevant，目标是与自己相关的；T 是 Time-bound，也是最最重要的，目标设定必须要有时间限定。

新年伊始，有的朋友许愿找到一个好工作，但没明确怎样的工作才叫好，是为不具体；有的朋友天天喊减肥，呼唤马甲线，可是锻炼时断时续，是为没有进行量化；有的平时懒散无为，却奢望当亿万富翁，是为目标不切实际；有的计划书蛮有意思，但没有截止时间，只能止于愿景，是为没设时限。

大家可以对照这个要素，看看自己的规划与目标，哪里出了岔子？"二战"以后，现代管理之父德鲁克最先提出"目标管理"这个概念，德鲁克说，不是为了工作而设立目标，而是为了目标去工作。推动工作，目标先行。德鲁克的管理学体系庞大，但核心有一条，就是管理绝不是自我束缚，而是尽可能地激发人的善意。我们可以站在巨人的肩膀上继续延伸一下，管理不是为了自我限制，而是达成目标，找寻生命的意义。

除了 SMART 原则，一个计划必须要拆解，年度目标可拆解为每月目标，每月拆解到每周。还需定期回顾，复盘计划，找出缺口和不足。

每天睡觉前，我习惯花几分钟的时间，复盘一天的经历，哪里做得好，哪里欠妥帖，时常反思，也会后悔，追击灵魂三问：今天在家和老公的沟通是不是更融洽一些？与女儿的亲子互动是不是可以更好一点？今天说话，是不是伤到同事的心了？此外，我也会花五到十分钟快速地定一下明天的工作目标。一个目标，可拆解，可复盘，又严格执行，才会顺利达成。

每天晚上用不到一刻钟的时间，完成当天的复盘和次日的计划，日复一日，你的目标就很容易达成。而这样规划时间的习惯一旦养成，你达成目标就水到渠成了。

目标管理是管理大师德鲁克的思想精华。人生需要目标管理，不能只顾低头拉车，而不抬头看路，最终忘了自己的主要目标。

目标设定，看似简单，但要上升到技术层面，需要遵循SMART 原则：目标应该是具体的（Specific）；目标是可以衡量的（Measurable）；目标必须是可以达到的（Attainable）；目标和其他目标具有相关性（Relevant）；目标具有明确的截止期限（Time-bound）。

有的工作岗位，其任务很具体，可以量化。典型的是销售人员的业绩指标，做到了就是做到了，没有做到就是没有做到。而有的岗位，工作任务会不太好量化，比如公司的科研攻坚岗位，华为的任正非就说过，不能给一流的科研人员设定太多的条条框框。当然，科研岗位也有很多量化的方式。

我们以公司的前台为例，谈目标的具体与衡量。接听电话，怎么量化，怎么做到具体呢？职业标准是，接听速度是有要求的，通常理解为"三声起接"。就是一个电话打进来，响到第三下的时候，就要接起来。不可以让它再响下去，以免打电话的人等得太久。

投资人让一个刚刚起步毫无经验的创业者一年内将企业做到上市，这个就不太现实了，盲目的目标是没有意义的；但是投资人让创业者一年内业绩翻番，却有达成的可能性，踮踮脚，努力一把就能达成目标，才是意义所在。

相关性是扣题，工作目标和岗位有关，领导层让一位前台去天天埋头学编程，意义不大。当然，目标需要一个时间限制，设定一个合理的目标，在有限的时间达成既定的目标，才是 SMART的要旨所在。

计划不要多，三个刚刚好

每年年底，我都会制定我下一年的年度目标。有一个小窍门特别想和大家分享：计划不要多，三个刚刚好。

2019年年初，我发起成立了江畔读书社群，社群口号是"读书、跑步、去爱"。

这六字口号，其实恰好对应三个目标。读书是思想充电，跑步是身体加油，去爱是感恩生命，活在当下。所以我每年的计划都是每月精读三本好书，一年三十六本；每月跑步六十公里，戒掉坏情绪，活在当下。

聊起读书，大家常说的读经典，看到"经典"两字，我有臣妾伤不起的痛感，每个人的阅读程度不一样，每个人对经典的理解也不一样，有关阅读，也存在"皇帝的新装"的窘境，其实，很多所谓的经典，阅读体验很糟糕。

所以我选书的标准没有那么高大上，可以归结为"好看有用"

四个字，这样的标准是不是简单粗暴？但是我们对阅读这件事要诚实。

南希·珀尔在《读书欲》这本书中介绍了一种"50 规则"：如果你现在五十岁或者更年轻，那么可以先读一本书的前 50 页；如果你的年龄超过五十岁，那么用 100 减去你的年龄，得出的结果就是你需要提前阅读的页数。简单地说，就是一本书，你看了前 50 页，还没有感觉，就应该迅速把它丢掉。无趣不好看，就没必要浪费更多时间逼自己。我们要记住，阅读是用来愉悦自己的，而不是自我折磨。

网络时代，分神分心的事太多，我建议朋友们不要轻易挑战厚书、大书，先从薄书、短文入手，有空时阅读一会儿，事情来了暂时抛开。当阅读习惯慢慢养成后，你就会有耐心和兴趣去进一步探索。

从简单好读的书入手，比如关于幸福和积极心理学的图书，我首推哈佛积极心理学讲师泰勒·本 - 沙哈尔博士著的《幸福的方法》，里面尽是可行可操作的方法论，易读易学。最近几年，关于幸福和积极心理学的书我读了几十本，我依然没有去读经典的学术大作，但是会循序渐进，最近读完积极心理学之父塞格利曼博士的《塞格利曼自传》，亦不会感觉晦涩，前面那些通俗读物的铺垫功不可没。

关于美学和文史类，我推荐蒋勋的系列美学作品。我跑步时，也会戴着耳机收听高晓松的《晓说》。

有人说，蒋勋是俗文化，高晓松是伪学者，我不以为然，把复杂的说明白，把深奥的说通俗，都不容易。

我心目中一流的教授或者学者讲课，精英通晓，普通人也能领会，一本本好书也是一位位好老师。我欣赏日本的历史作家盐野七生，她是一位潇洒的女士，年逾八旬，依然风采照人，原来一个人可以这样优雅地老去。

她的《罗马人的故事》《希腊人的故事》就是这等好书，将欧洲文明的起源娓娓道来，如聊家常。可以说，你选择什么书，就是选择什么样的生活方式，或者是向往、追寻什么的生活方式。

关于锻炼身体，我的小窍门是，第一你要选定一个项目，跑步、瑜伽或者舞蹈，选定了项目，就要一以贯之，切忌三天打鱼两天晒网。

我过去没有锻炼的习惯，近年来，高频出差，工作压力大，就想找到一个释放的出口，慢慢爱上了跑步。

当你跑步的时候，其实是切换了一个新的频道，在跑道上，在跑步机上，起初，纷纷扰扰的念头缠绕心田，渐渐地，听得见自己的心跳，进入一种愉悦的心流状态。

在商圈，跑马拉松蔚然成风，大家纷纷通过跑步调整生活，收回专注力，回归理性思考。跑步的时候，暴躁的脾气减了，抑郁的心情散了，对老公发火、对神兽怒吼的冲动没了，跑步可以重塑你的人生。

习惯的养成并非一日可达，需要不断地坚持和良好的氛围环境。我自认是自律的人，但常常还有反复，比如 2020 年春节，我们一家三口去旅行，跑步计划在过节的气氛下搁置，到了 2 月份，疫情凶猛，人心惶惶，也没心思去跑步。我们太善于给自己找借口找理由，所以培养一个锻炼的好习惯，需要加入一个社群，互相监督，互相激励。

  我们有一个跑步群，完不成各自的跑步量，月底就会罚款，严格执行。春节期间我的跑步量没完成，被罚了 4800 元，现在想起，依然隐约肝儿疼。之后的 3 月份，任务早早达成。那么春节假期为啥反而没完成？因为春节外出旅行，正常的节奏打乱了，回家后一时静不下心，今天拖明天，明天拖后天，天天待明日，万事成蹉跎。

  所以，我建议一定要加入一个兴趣社群，这个社群一定要严格打卡，有惩罚机制，才能督促大家动起来。养成一个习惯，需要三个星期的周期，坚持下来，就促成了一个好习惯。

  总之，你的年度计划要均衡，最好对标身心灵，工作、家庭、生活全进步，不要顾此失彼。

时间管理的二八原则

我们首先要承认，每个人的时间都是有限的，承认时间有限这一点很重要，有个直面时间的端正态度，认清形势，是做所有事情的根本。

每个人的一天都是 24 小时，但发挥出来的效果却各有不同。在职场上，我经常看到整日忙碌却鲜有成效的例子，面对自己的同事，我经常提醒大家要做一个高效的人士，提高效率去工作，其中的奥秘之一就是把握二八原则。

有次在电梯上，我遇到邻家的一对母女。

小女孩问妈妈一个问题："为什么爸爸每晚都带一个装满工作的公事包回家，却从来不想花时间和我们相处？"

妈妈怜惜地回答女儿："宝贝儿，因为爸爸没办法在办公室做完他的工作，所以他才得要带回家做。"

小女孩接着问："如果是这样，爸爸为什么不学习一下二八原则？"

我听得惊喜，原来现在的"00后"在小学时代，就已经学到二八原则这样的经典管理常识。

在所有时间与生活管理概念之中，二八原则是常常被提及的。这个法则是由意大利经济学家帕累托所创，于1895年提出，又叫"帕累托原则"。

帕累托发现，生活中的许多事情都受二八原则支配。举例来说，你的工作业绩有80%来自你20%的活动，公司的利润有80%是由20%的产品或客户提供的。

同理，假如你的任务清单上有十件事情，那么其中两件的价值将等于甚至大于其他八件的总和。

这项研究往往被忽略的一点是，十件事情中，完成每一样工作所需要的时间可能一样多，但是其中一两件的溢价，却是其他工作的N倍。生活中，我们要学会"不钓小鱼钓鲸鱼"，如果你抓了一百条小鱼，你所拥有的不过是满满一桶鱼，但如果你抓住了一条鲸鱼，就不枉此行了。

我们所列出的十件工作中，往往会有一件工作的价值超过其他事情的总和。拧巴的是，在生活和职场上，太多人置之不理、一再拖延那些重要的工作，而陷入不重要的事务之中。

时间管理的要点，一个叫选择，一个叫顺序，要判断事情的重要与否，捋清做事的先后顺序。我们须记得：你永远都拥有选择下一步的自由，应在重要与否之间做出选择，而生活就是不断选择的叠加。

别小看优先排序和聚焦专注这两个法宝，看亚马逊创始人贝索斯的传记，你会看到贝索斯的成功，就是时间管理的成功。亚马逊公司拒绝PPT，贝索斯要求员工汇报工作，就用一张A4纸，清晰写下要点。无须第二张白纸，多么复杂的公司事务，一张白纸搞定。

我在商学院工作多年，看到许多成功卓越的人士，我发现一个道理，成功是可以预期的，是可以通过自我训练达成的，比如心系一处，专注聚焦，做好规划，最终达成目标。

最糟糕的时间管理，就是把原本不必要的事情做得尽善尽美。环顾左右，这样跑偏的时间管理者，比比皆是，而且这些人士往往是所谓的热心肠，耕了别人的田，荒了自家的地。

有的朋友问了，二八原则我也知道，但何为二，何为八，还真辨别不清。下面我和大家分享一个时间的四象限法则。

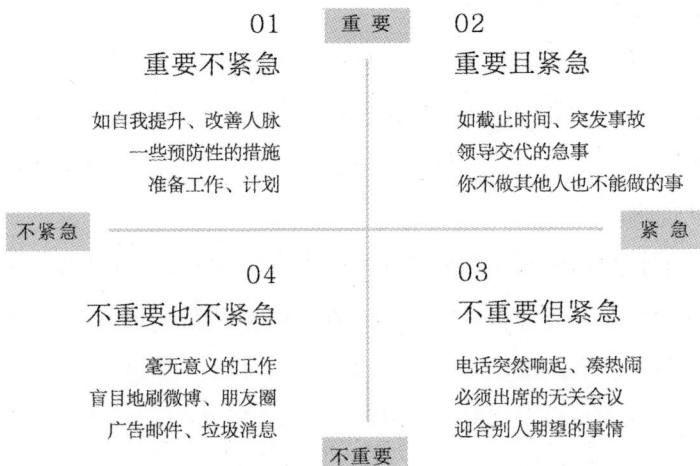

	重要	
01 **重要不紧急** 如自我提升、改善人脉 一些预防性的措施 准备工作、计划		02 **重要且紧急** 如截止时间、突发事故 领导交代的急事 你不做其他人也不能做的事
不紧急		**紧急**
04 **不重要也不紧急** 毫无意义的工作 盲目地刷微博、朋友圈 广告邮件、垃圾消息		03 **不重要但紧急** 电话突然响起、凑热闹 必须出席的无关会议 迎合别人期望的事情
	不重要	

我们一般把事情划分为：重要不紧急、重要且紧急、不重要但紧急、不重要也不紧急四个类型。

生活中重要且紧急的事情，其实并不多。比如，公司明天开年会，演讲的 PPT 前夜还没准备好，真是令人心焦。

我理解的重要且紧急的事情是，非常重要一定要做，且做了会带来正面效果，不做就会出乱子的要事。比如，处理客户投诉，在规定时间内完成顶头上司安排的紧急任务。

四象限中，需要好好下一番功夫的是重要不紧急这一块，这部分培养的是人的核心竞争力，读书、跑步、和家人一起旅行，这些事情意义非凡，但并不紧急，少读几页书，少跑几里路，貌似也没啥损失。读书、健身都是一项长线投资，不求短线回报。

重要且紧急的事情的标签是必须做，而且有时间限制；那么重要不紧急的事，是应该做，且没有明显的时间限制。

有一次分享，我问大家："和领导一起吃饭这件事，属于四象限的哪个部分？"

好几位朋友回答属于紧急且重要。这就错了，如果公司有急事，你要做的是推门而入直接汇报，而不是慢腾腾和领导吃饭商量解决之道。当然，和领导一起吃饭也蛮重要的，属于重要不紧急的范畴。

我们生活中充斥着紧急且不重要的小事，这部分是时间管理的背景噪声，需要认真剔除。比如说商场某品牌打折，过了今天就恢复原价了，时间催促紧急，但说白了并不重要。

至于不重要也不紧急的事情，完全可以忽略，或者可以放缓去做，或者交付别人完成。

四象限的分类，就是要避免让事情变得重要且紧急，不要当时间的"消防队长"，被动灭火。

四个象限中，不重要但紧急是个坑。如果总是在做不重要但紧急的事，人生匆匆，待到回首才发现，在宝贵的时间内我们却一次次陷入一地鸡毛的零碎中，悲催的是，很多事情没有及时处理，不紧急的事情也会拉响警报，上升到重要且紧急的象限，甚至来不及去做而抱憾终生，比如对孩子缺乏陪伴，迟迟没有锻炼身体，到了孩子叛逆、身体闹病时，为时已晚。

　　古人常说，一日三省吾身。快节奏的生活，我们做不到一天三次反省，但也要养成静思的习惯，在夜阑人静之时，叩问一下自己的目标是什么。今天是否在做重要的事情，还是在做那些虽然不紧急但很重要的事情，等待行动。当我们养成反躬自省的习惯，人生就会变得从容淡定。日积月累，人与人的差别，也在"静夜思"这三字之间。

清单在手，时间我有

时间管理中除了二八原则和四象限划分，还有一个有趣的阿尔卑斯山时间管理。

阿尔卑斯山时间管理包括五个步骤，五个步骤的首字母拼在一起刚好是德文单词：ALPEN（阿尔卑斯）。

这五个步骤是：列出任务清单、评估完成任务的时间并预留机动时间、决定优先级、精简和授权他人完成、复盘检查。

我多年的工作经验之一，是养成每天做计划的习惯。良好的习惯，无论是对职场还是带娃都是极为重要的。我相信，好的习惯都是可以训练出来的，一旦习得这些技巧，就会终身受益。

每天临睡前，我会用几分钟的时间复盘一下今天的事情，然后规划一下明天的工作。我初入职场时，手机还不普及，于是随身携带一个笔记本，列举每天的重要工作，下班时回顾一下，临睡前再检查一下。

我是文秘助理出身，后来做班主任工作，这些一线的行政工作有两个特点，一个是琐碎，一个是繁多，很有必要将每天要做的事情列一个清单。

我推荐一本好书《清单革命》。这本书给我许多启发。作者葛文德是一名著名的美国医生，他曾是白宫最年轻的健康顾问，影响了美国医改政策的走向。

葛文德医生以为，人世间有两种过错，一种是无知之错，一种是无能之错。无知之错，源于没有学到科学的知识；无能之错，在于学到了正确的知识，但没有正确去执行。相对于无知之错，无能之错更令人痛惜。

比如，在ICU，每位患者每天要接受178个护理操作，哪怕只有1%的误操作，也是大事故。为了避免无能之错，医学领域制定了严谨周密的治疗流程。众多医护人员通过严格遵守清单原则，挽救了无数生命。

常常，一纸清单就是一个鲜活的生命。鉴于此，葛文德极力推荐医学上的清单秩序可作为生活和职场的通用法则。

我记得书中提到一则小故事。

一个三岁的女童不幸坠入雪山的冰窟窿中，几经曲折，女童脱离险境，但命在旦夕。为了拯救这位深度昏迷的女童，几十名医生合力抢救，他们制定了一个详尽的清单，治疗方案中达上千个细节，只要一个细节不到位，女童就将无法苏醒。

一周来，每个医生严格遵循清单的流程施救治疗，女童心率、体温渐渐回归正常，这是医学的胜利，也是清单的胜利。

列清单、排顺序、分主次是时间管理的要诀。让我们静下心来想一想清单的诸多好处，逐条写下任务，仿佛已经开始解决问题，可以缓解焦虑；穷举生活的每一项任务，可以看到这些任务的比重和主次；每次画掉一项清单列表，欢呼"奥力给"，有一种达成目标的成就感。

清单在手，时间我有。清单可以帮你将生活的重心与节奏拉回来。

这里，我给职场新人分享自己的一个小窍门：清单不要排太满，一来完成不了就会很受打击；二来新人在职场常常接到临时的任务和派遣，所以，清单上应该留白。别误会，这个留白不是放松的时间，而是作为机动时间来酌情分配。二十年前，我做助理秘书的时候，一般往往只安排既定的四成工作，其余六成作为机动时间。因为，老板随时会安排工作过来，订机票、安排餐饮、对接某项工作等等。

或有同事和我抱怨，说好好的一天计划又被老板一个电话打乱了。我提醒同事，这是你没有做好时间的规划。所谓规划，不是将工作时间排满了各项任务，而应该适度留白。即使今天，我做到了管理层，但也会给清单留白，过去是留白六成，现在是空出来四成，临时调度。

睡前半小时是最佳亲子时间

在目标下管理时间，必须要学会取舍。脸书的掌门人扎克伯格说："不求完美，只求完成（Done is better than perfect）。"时间有限，比如为了达成每年的读书目标，我很多年前就断了追剧的习惯。

我常常感叹，追完一部50集的电视剧真的耗时，如果这个时间用来读书，或者发展一门技能，该多好啊。因为不追剧，所以对很多明星是脸盲。有一次和同事聚餐，大家聊到谍战剧《伪装者》中王凯的出色表现，我听得一头雾水，听她们讲得起劲，认定王凯一定很帅，于是很白痴地问："王凯是谁？"

结果遭到一群人的鄙视。嫌弃就嫌弃吧，有舍有得，我不追剧，才可以省下时间来读书与思考。

我经常和同事聊职场上的各项时间管理技巧，一个朋友留言，来了一记重锤。

朋友问："你的时间管理中，怎么没有带娃的时间，娃是交给爸爸，还是外包了？"

我瞬间觉得好惭愧，可是一个职场妈妈对带娃这件事有话要说。

陪伴并不意味着你必须 24 小时和孩子在一起，而是学会享受在一起的每一分每一秒，换句话说，就是提高陪伴的质量。

我做不到全职妈妈的陪伴，我也有自己舍不得放不下的事业，所以我能做的就是提高陪伴她的质量。即使是全职妈妈，我也不主张放弃自我，一门心思都放在孩子身上，一来过多的付出感让你不会快乐，二来孩子要承担过多的关注和压力也不会快乐。

我和朋友们分享一个独家的小秘籍，娃临睡前的半小时是黄金亲子时间。即便是加班，我也尽可能在女儿睿宝睡觉前赶回家。

睡前半小时，和孩子扯扯闲话，问问今天学校发生了什么，鼓励孩子几句。在父母慈爱的目光下入睡，娃睡得香，睡得踏实。

有时候赶到家里时，睿宝已经睡着，我一样抱抱她亲亲她，相信孩子在梦中也会感知到我对她的爱。

第六章

压力篇

让子弹飞一会儿

压力大是现代人的口头禅

因为工作关系，我经常参加各种各样高大上的论坛、沙龙活动，与优秀的人在一起，一起跑步，一起玩耍。睿宝经常说："妈妈哪里是出差，明明是天天出去玩儿。"我苦笑不语。

其实，每个人朋友圈展现出来的生活都是冰山的一角，我跟大家一样，也有巨大的压力，我也会和密友吐槽：职位越高，压力越大。尤其是这几年，越发感受到这一点。

我想表达的是，每个人都有压力，关键是面对压力的态度。比如，我正在准备一个重要会议的发言，突然接到我姐的一个电话说："老妈情绪不稳，你赶紧和老妈打电话安抚一下。"这样的事情，其实就是我的日常。唯一不同的是，我们如何面对和处理。

所幸，我一直在调整自己的心态，感觉双肩的负荷没有那么重了，可以轻松处理。

你的长辈，其实就是你的上级，作为一个称职的儿女，要有向上管理的意识，安抚管理好长辈的情绪。工作越久，越发现改变任何人都特别困难，只有改变你自己才是正理，所以与对外管理相比，对内管理更为重要，也更为不易。

前一章聊了时间与目标管理，本章重点说说压力管理。我们先分析一下，压力到底来自哪里？我们如何面对压力，怎样进行自我调节？再者，我想说说自己过往的一些经验，如何排解自我压力，尝试给大家一点启发。

"累啊""压力大啊"，好像成了现代人的口头禅，压力也是情绪的一种，那么压力到底来自哪里？你是否认真问过自己这个问题，搞定压力的突破口在哪里？面对压力，首先要搞清楚压力的源头是什么。

一旦仔细探查，压力的源头也很简单，无外乎两个方面：一个是来自工作的压力；一个是来自生活的压力，或者说来自家庭的压力。

有关家庭与职业的冲突，说到底，本质上是一个无法兼顾的问题。除了长情的陪伴，很多冲突可以通过钱来解决，能用钱解决的问题都不是真正的问题，所以钱真是个好东西，这样说开去，那就是家里谁去挣钱谁去操劳，拿钱解决各种问题。

你会发现，来自生活的压力，又和工作紧密有关。

和自己赛跑的人

现在我思考问题，会追到根上，先探究其根源，然后挀着这个根本问题，正视面对，解决起来就容易多了。每个人的处境各有不同，一定要刨根问底，看看自己的压力源头是什么。

为什么会有压力呢？关于这个，我思考了很久，一个是攀比，一个是自我目标设定过高。

拿我自己来讲，我来自内蒙古，家乡是十八线小边城，大学毕业后，我留在北京，与家在北京的本地同学对比，起点悬殊，压根儿没有可比性。别人家的车房大都是现成的，我的家境虽然不算很差，小城普通知识分子家庭里面的老么，打小靠自己奋斗，自从在京独立生活起，就暗自与别人家的孩子相比，常常自感压力山大。

攀比心是压力瀑布的一股激流，常常浇人一头冰水，让人心灰意冷。我记得看到过一个故事，一位教授在大学毕业的时候，语重心长地劝勉各位毕业生：

"同学们，你们要有长远的目标，怀抱值得为之奋斗的理想。五年同学聚会的时候，切记不要轻易去，五年的时间，你可能正处在事业的起步阶段，而有的同学，家里原本有矿，俨然已经走向人生巅峰。"

人太容易和认识的人攀比，此时见面，当清苦寒酸遇到富贵繁华，滋味当然不好受。

毕业十年聚会，也不要贸然参加。此时，人生四十一道坎儿，上有老下有小的，可能是你最为挣扎的时候。待到二十周年聚会，此刻的你，通过二十年的努力与奋斗，可与同学并肩，或者超越很多人了。老辈人常常告诫，不要争一时，要争一世。做人要做长期主义者，做好长期备战的准备，把时间真正地放长远看，才可以拥有最终的收获。

李宗盛有首歌叫《和自己赛跑的人》，唱的就是不断超越自己的故事。

疫情期间，父母和娃宅在一个屋檐下，天天面对调皮的娃，看见孩子抱着手机不满，瞧见孩子晚睡晚起嗔怪，难免生了比较心，别人娃如何自律学琴、努力学画，没有对比就没有伤害，一旦有了攀比心，就失去了平常心，带娃的天平也就倾斜了，每时每刻处在对比中，太痛苦了。

教授倡导做一个长期主义者，我觉得最终还要克制与别人攀比的心思，更多的其实是自己与自己比：相对去年，今年有多少进步；相对上学期，这个学期，娃长进几许。

人生追求小满

　　除了戒掉攀比心外，另外特别重要的一点就是要合理设定自己的目标。我在北大光华工作过，家里一位表哥在清华团委工作，我们多年的工作中有很多机会可以近距离接触和观察这些天之骄子。

　　优秀如北大、清华的学子，也几乎隔年都有学生想不开的极端事件发生。起初，我非常不理解，直到自己亲身面对一位叔叔家的女儿，她从小到大都是学霸，一路状元考入清华，可是进入清华不久，精神状况每况愈下，父母苦不堪言。细究原因，才知道这个孩子进入强手如林的清华大学后，成绩不再是顶尖，退居中上游。强中自有强中手，可孩子不能原谅自己，气郁于中。

　　压力的两个源头，一个是攀比的心态，一个是对自己的期望值过高。我不是说佛系就是好的，更不是鼓励破罐子破摔，而是想说压力其实是人生的常态，核心是如何调节与面对。

比如我现在的工作状态。我和同事吐槽过，如果我只是一个一线的员工，肯定争当一名优秀员工，各方面的工作全部搞定；但是当我去管理一个团队时，就需要对团队中所有的人负责，那么压力就渐渐增大；如果是小团队还好，管理者尚可进退从容，对上争取更多权益，对下争取更多福利。现在，同时带多个团队，和所有的同事不是一对一的管理，中间隔着项目部门的主任，从一级管理变为二级管理，复杂性增强了，自然压力也随之增加。

有次我和李海涛教授交流，他的一番话，正中我心坎。海涛教授说："其实，职位越高，责任越大，压力越大。"

你羡慕的那些职场光鲜的人士，往往承受着不为人知的负重。每一种光鲜的背后都砌着巨大压力的砖石。所以说，大人物有大人物的压力，小人物有小人物的压力，人生的常态就是与压力同行。

如果你的生活全然没有压力，那反而不正常。我姨夫是一名老中医，在我读本科时，姨夫警醒我的话到今天我还常常拿来提醒自己：做人做事最佳的状态是小满，花未全开月未圆，人生尚有期待，这种境界刚刚好。

放弃完美的心态，与人与物，抵达小满，余留空白，当行则行，当止则止，是大智慧。身边的朋友常常抱怨："啊呀，这件事就差那么一点点就圆满了。"岂不知，当你圆满了，做到最大的自我满足，那么别人就不开心了，你的圆满是建立在对别人的伤害之上的。

此生既然与大大小小的压力同行，那么应该把压力化为一种心流。这几年，心流的概念挺火的，国内也有翻译为"福流"的，就是说当你完全沉浸在工作中，或者聆听古典乐，或者阅读一本书时，渐近物我两忘的境界。

请注意，这种美好的心流状态，不是在无压力中产生的，而是在压力状态下催生的。

就像我写这本书，先是通过直播征集大家的问题，后来进入写作环节，中间也是时写时停。停下来的原因是我拿捏不好该如何表达，也有焦虑与不安，生怕自己的观点不够精确，但当静下来写作，就像面对老朋友说心里话，写着写着就进入了曼妙的心流状态。

压力是一种常态，需要冷静下来，分析它的源头，找到问题的根源，发现问题才能解决问题。

我想到的工作压力，大致归为三类：一是你的能力不能胜任这份工作；二是工作量负荷大，一周七天连轴转，没有休息的时间；三是职场关系复杂，疲于面对。

如果是能力与工作不匹配，就要加油学习啦。网络时代，三年内知识就会有一次迭代，你会发现，在大学学到的知识可能早已过时了。在今天这样的大时代，职场不断涌现新的需求，职场中人，也应该随之学习到位。能力这个词，在今天是个变量的词汇，需要不断学习，才能拓展能力的外延。

我有个大学同学在华为工作，他当年是高考理科状元加大学学霸，研究生毕业加入华为，最初在华为写代码，是一名优秀的软件工程师，后来转做销售。我很不解他为何转岗，他坦诚地说："能力跟不上时代的发展。"他入职的时候还处在 2G 网络时代，现在已经跃入 5G 时代，这期间计算机语言也是更新了一茬又一茬。如果你不处在终身学习的状态，那么能力肯定跟不上趟。

职场新人往往陷入加班的循环中，不断加班，但依然有很多工作搞不定。我经常说，一个经常加班的员工不是好员工，或者说，一个让员工经常被动加班的公司不是好公司。这其中就牵扯到我们前面提到的时间管理，你需要抒一抒自己的工作量，是否真的超负荷，还是自己没做到合理的时间管理。如果超出负荷，那么你要和自己的团队负责人进行沟通。

职场中，如果工作内容简单但同事关系复杂，这就可以引出我们前面谈到的职场三层管理。所以我们说，对外与对内管理是相互呼应的。

当遇到工作难题时，自己搞不定，领导又特别忙，你不妨找到一个可以信赖的同事，找到职场上的小贵人，请他帮忙分析一下，这个工作压力的源头到底来自哪里。

压力是随时随地存在的，你一定要面对问题，不能做鸵鸟，回避无益，徒增烦恼，面对压力是解决问题的第一步。

减压的大杀器

我和大家分享五点自己工作生活中常用的破解压力的秘籍。

第一个大杀器就是，想想事情最糟糕的情况是什么。在巨大的压力之下，你要先想想，最糟糕的结果是什么。

我是一个极度悲观的乐观主义者。怎么说呢？工作遇阻时，我先要做的一件事，就是想想这件事最坏、最糟糕的结果是什么。一推到底，再来想解决方案。很多事情，当你想到或者面对可能发生的最坏结果，反而容易释然了。

我在学院常常处理一些突发的公关事件，担当救火队长的角色，尤其是处理一些新闻事件时，压力特别大。

记得有一年，我当时正带队在台湾游学，学院突发一起公关事件，网上到处刷屏，校友接二连三地发来询问消息，我们当即紧急开会，商量如何应对，一连几天甚至无法合眼，心绪混乱到极点。

有天晚上，我逼着自己沉下心想，这件事最糟糕的结局是什么。对学院负面影响过大，我失业了，团队解散了？如果我失业了，不是还可以继续找一份工作吗？冷静分析，这件事不至于如此，学院不会被解散，我也不至于失业，只是一个新闻事件，而且我也不是过错方，仅仅是负责处理这个事件而已。

念及于此，我便恢复了镇定，做到从容面对。

很多时候，我们一时深陷事件之中，无法抽离。所以提醒自己，最糟糕的结果是什么，可以很好地纾解压力。

我在学院兼职知心大姐，解答大家的婚姻与生活问题。经常有同事找我诉苦，一脑门子官司地对我说："杨老师，我们家这个日子过不下去了啦。"紧接着，同事开始吧啦吧啦对我倾诉婚姻中的各种不满。我静静听完，会问同事："你说日子过不下去，那你觉得最糟糕的情况是什么？"对方会愣住，犹豫片刻回答："也许就是离婚分开吧。"我继续问："既然最坏的结果是分开，那么你接受不接受这个结果？"对方大多陷入了沉默。

和我来倾诉的朋友，大部分只是吐槽解压缓解情绪，无意离婚。既然不离婚，那么问题就简单了，冷静下来，想想该怎么解决婚姻中出现的问题，过就有过的法子。假如真的想离，那么问题就更简单了，试问，你都愿意接受离婚这个糟糕的结局了，还有什么事情不可以谈的呢？

破解压力的第二个秘籍是，要有积极的心态。

当你勇敢面对，你失去的只是压力，得到的是全世界，你会发现没有什么大不了的，我主张大家多读一些积极心理学的书，把心放宽一点，眼光放长远一点。你若安好，就是晴天。

我读过冯唐的一篇文章。大家知道冯唐是畅销书作家，其实他是一名医学博士，曾就职协和医院。冯唐的观察是：越是传统意义上的好人，越容易患癌。

这些好人，总是话吞在肚子里，气憋在心里面，性格敏感，情绪压着，憋来憋去，憋出一身病来。百病源于气，无论中医还是西医，都在强调情绪的重要性。

压力与恐惧伴随，总是对还没有发生的事情，或者小概率可能产生的坏结果，忧心忡忡。很多事的压力来自心态，来自自个儿吓唬自个儿，当你积极面对，天空飘来五个字：那都不是事。

第三个秘籍：让子弹飞一会儿。

回顾职场，我要感谢北大的一位小同事，她曾随我做班主任助理，现在是孩子妈妈，北大高管培训部门的主任，光华顶梁柱。

早年，我是一个特别急性子的人，工作中从来都是风风火火的，想到一个事情，恨不得立马去做成，偏偏我们工作中有很多协调、协同关系的部分，需要和很多人沟通交流、征求意见，也因此很多事情不能按照我的节奏落地，让我心急如焚。这位同事就劝我："杨老师，莫急，不妨让子弹飞一会儿。"

很多压力之所以成为压力，就是你的心很焦躁，恨不得赶紧搞定这件事，但很多大的问题，比如创业、购房、婚姻、工作变动，都不是一蹴而就的事儿。

我现在常常提醒自己，有的事情，只有时间才能解决问题。比如新改的婚姻法，其中规定离婚要有三十天的冷静期，一个月内，双方可以取消离婚协议。感情如此，职场更是如此，你想升职，想加薪，这些都是正当的要求，但需要时间来努力，来一步步争取到。所以，当压力来了，事缓则圆，别那么心急火燎地，让时间来破解一切，来证明一切。

第四个秘籍：学会倒掉情绪垃圾。

我们在职场篇聊到，要远离职场上的八婆、事妈与怨妇，但总归有人值得信赖，他们对你的心事与隐私会守口如瓶，可以放心倾诉。你也可以找职场之外的朋友吐槽。

很幸运，我有一个闺蜜，我们是高中同学，一起来到北京上大学。彼此信任和熟悉的成长背景，让我每每不开心时就去找闺蜜一吐为快。闺蜜的好处是，永远和你是一条心，她的工作和你的职场是两个圈子，不存在利益冲突，所以闺蜜总是站在我的角度，帮我剖析问题。即使不能真的解决问题，能够和我同仇敌忾，一吐为快也是快意恩仇。

除了闺蜜，我还会请教理性客观的人帮我加以分析，或者请教老大哥式的朋友。之前我讲过，在生活和工作上，最好找到几位类似师傅一样的朋友，他的境界比你高一级，但又不是你的上级，当你遇到压力时，他会以过来人的经验，点破你一时间想不通的问题。他的段位高，有比你高的格局和认知，你的想不通猜不透，他却可以瞬间看穿，豁然而解。

我是幸运的孩子，父母恩爱，上面有哥哥姐姐，家庭和睦，在爱的庇护下长大。长大以后，远离家乡，独自一人在北京，加上家人对我的职场环境不熟悉，很难做到事事给予适当的见解。但是我一路走来，常常遇到生命中的小贵人，我定期与他们沟通请教，受益匪浅，受教很多。

删除是人生的减压阀

压力大的时候，要学会切换频道。前不久，我高频出差已经疲惫不堪。会议间隙，女儿打来电话，说和爸爸闹了别扭，电话里全是委屈的口气。我听了担心，又不能马上回家安抚女儿。夜里，我在海边坐了很久，工作这么挠头，家里也不顺心，前后夹击，心情就变得很糟糕。

我就想这么辛苦地飞来飞去，到底是为了什么？有的活动是不是可以谢绝参加？每天在机场与酒店和活动地点之间穿梭，无暇旁顾，到底又是在赶什么？

次日飞到上海，我决定在工作之余给自己放个小假，抽空去见了一位偶像级的学者，与几个老友喝了顿小酒，谈了上海滩的往事八卦，忽而释然了。

转天忐忑回京，到家推门的那一刻，我特意看看女儿和老公的脸色，发现父女和谐如初，没啥继续较劲生气的痕迹，我暗暗吐了一口气，原来是自己想多了。

朋友圈或微信群，经常提到有家庭主妇抑郁的情况，我觉得我们要学会管理好自己的时间，太忙太闲，都会自扰，更多的是，要学会主动调节自己的情绪。

当你备感压力的时候，应该有种警觉，主动隔离负面情绪，去听听音乐，吃块巧克力，泡个热水澡，回忆一下生命中美好的事物，或者干脆到商场，给自己买个称心的小礼物。

长江商学院临近协和医院，有时候，同事来和我倒苦水，反反复复无休止，我就会打断她，说你不要吐槽了，下楼到协和医院门口去转转吧，看看那些游走在生死线的众生相，你会震惊人世间肉身痛苦的分量。

常常，人在写字楼格子间坐了太长时间，会计较眼前的纷扰，而忘了生命本初的喜悦。

天气好的时候，我也经常坐地铁上班。常常看到协和医院门口，全国各地的父母携幼来京寻医问诊，见他们茫然地坐在地铁口的石头凉凳上。看到这些，我心生悲悯，这种悲悯又会提醒自己，一定要惜福，放下计较心。所以，我常常和同事说，当你想不开的时候，去医院门口转转，上一趟生命课，向死而生，会想通很多事。

都说开卷有益，我说读书可以减压。前几年，很多人推荐台湾学者齐邦媛的《巨流河》，我通读了两遍，感慨很多。在历史的大江大河之下，个人变得很渺小，如一叶入林、一舟入海。对比惊涛骇浪的历史，再反观自己的小情绪，你就觉得自己活得太较真了，甚至有些矫情了。

这些年，越来越多的白领与商界精英爱上跑步，你看长江的企业家们都是玩命似的去跑步，到戈壁上跑步，到极端环境去跑，可能很多人困惑，为啥精英们这样喜欢虐自己呢？

当我爱上跑步后，才体会出其中的奥秘。跑步可以释放多巴胺，跑步半小时后，身体就会自动分泌这种物质，调动人的情绪。

我压力大的时候，就会去跑步，就没空胡思乱想，汗水淌过身体，安宁流过心头，我会感到情绪舒缓许多，这是一个屡试不爽的法子。

还有一个减压的法子，容易被男士们所忽略，或者不屑，就是大哭一场。人真的要学会主动释放压力，承受不了就去大哭一场。哭泣，本来就是人的一种应激反应，毒素与废物随着泪水被排出身体，痛痛快快地哭一场，有益健康。

哭泣不是女士的专利。男人哭吧哭吧不是罪，成年人的生活不是与哭泣划清界限，我有时候会故意看一部爱情电影，那种有情人最终不能成眷属的电影，让自己哭得稀里哗啦，既欣赏了一部电影，还顺道来次哭泣SPA，何乐不为。

话说回来，人都有脆弱和情绪化的一面，这也是人的命门，但也是人性中柔软美丽的一面。你要有活在当下的心态，放弃完美主义，完成比完美重要，凡事尽人事听天命。

2020年春，疫情突起，很多人都经历了一个茫然焦躁的阶段，宅在家里，网上铺天盖地的负面信息，越看越焦虑，反复叩问：这个世界还会好吗？

面对这样席卷世界的大事件，普通人能做的很有限，你不要拿控制不了的事情折磨自己，只有戴好口罩，做好防护，照顾好身边的人，做些力所能及的事。

有关减压，我还有一个特别得意的压箱底秘籍，即一定要学会遗忘，学会人生删除术。同事朋友们都知道，我很少有保留聊天记录的习惯，我和同事开玩笑，和我聊天很安全，因为我把微信当成 Snap(阅后即焚的通信工具) 来用，经常把聊天记录删得干干净净。

每天临睡前，我统一回复大家的微信，然后删除，清理微信的空间，保持视觉的清洁。真正的断舍离，不是丢几件旧物，而是保持心灵状态的清洁。删除是生活最后一道减压阀，一个问题你实在解决不了，那就选择忘记它，删除它。这样才可以保持生命的轻盈，迎接新的欣喜。

职场与家庭的冲突是无解的吗？

职场中人，学习压力大，工作量大，工作关系复杂，然而诸多的压力，都不及职场与家庭的冲突带来的压力大。

可能，职场人士的压力最无奈的一环，就来自家庭，这层冲突，不得不天天面对，常常又无法清晰地调和。所谓清官也难断家务事。

我记得我在外企的时候，公司经常强调员工要做好工作与生活的平衡。工作与生活的平衡，也一直是我的信条。直到近年，还有人问我，如何面对工作与家庭的冲突？我其实能够给你的答案是：没法平衡。

问题无解，令人失望，但正视这个无解，才是看清楚工作与家庭冲突的本质。

也许你会反驳，新闻上不是有很多光鲜的职场女性，她们在家庭与职场之间游刃有余，既是女强人也是好妈妈、好妻子。醒醒吧，这很有可能是一种媒体假象或者公关形象，两者的矛盾事实上是很难调和的。

问对问题找答案，梳理明白这些冲突，会帮助你看清工作与生活之间的矛盾点。两者的冲突，很明显是时间上的冲突，分身乏术，顾此不能顾彼。但时间的冲突，还是压力的冰山一角。再往深一层看，时间冲突的冰山，就是利益的博弈。

当你把时间扑在工作上，自然在家带娃的时间就少了，那么是谁在分担家务与带娃？你的时间分配，是不是损伤了家人的利益？比如占用了家人的工作和休息时间。从时间到利益，再往下深探，就是价值观的冲突，我们常说的三观不合。

嫁娶讲究门当户对，这是有深层道理的，也不是谁高谁低，哪家钱多钱少，而是同样的生活环境长大的子女，产生的价值观容易匹配。家庭中，许多争执许多吵闹，根源在于大家看待问题的角度不一样，你对自己的定位和家人对你的定位不一致。如果大家在底层的价值观上达不成一致的话，那么家庭与生活的冲突点与压力源很难解决。

我建议没有结婚的朋友，一定要考虑到是否与伴侣的三观合拍，这是婚姻美满的基石。已经成婚、多年磨合不和谐的朋友们也不要灰心丧气，你需要站在对方的角度，站在伴侣的价值观上换位思考一下。

家永远是滋养心灵的港湾

我反复和朋友们说，这本书聊的其实就是一个关系图，对内、对外两个管理模式，像管理职场那样管理家庭，视父母为上级，把孩子看作下级，对待伴侣，少一些感情纠葛，多一份理性管理。

举例讲，把你对孩子的耐心转化为对下级的态度，那么很多事情就会迎刃而解。如果你把对老板的赞美与敬畏拿一点点给父母，相信父母会非常开心。从这个底层逻辑看，为什么家庭与生活会有冲突？当压力来袭，当冲突纷争，你要问问自己，你工作的目标是什么？努力赚钱是为了什么？

我活着的目标肯定是开心每一天，活在当下，美在当下，这是我的终极目标，那么工作就是为了让自己和家人有一个更好的生活。挣钱本身就是为了家庭的和睦，钱不是万能的，但没有钱万万不能，我们去工作，其目的就是为了家人，而不是为了工作而工作。如果你在根上把这个问题想清楚了，其他问题就迎刃而解了。经常有同事问我，要不要跳槽，要不要换工作。我就和大家聊我的经历。我是北师大外语系毕业的，20世纪90年代，外语系的毕业生大多有个出国梦，我刚开始在中欧做班主任助理，一位来自耶鲁的教授就夸我英语好，建议我申请耶鲁大学MBA的女性奖学金，并且他愿意推荐我。我很是心动，回家问老公意见，他明确反对出国。那么冲突就来了，如果我选择去国外读书，是为了更好的工作、更好的生活，但要放弃现有的生活，甚至婚姻，这绝对不是我的目标，于是我毫不犹豫地放弃了去海外读书的机会。

当你处在职场与家庭的冲突中，说白了是一个排序问题，哪个更重要。我永远是把家庭放在第一位，工作当然非常重要，当我遇到几个选择时，与家庭的分量比较时，都会轻松地做出决定。

人是穴居动物，外面的世界风雨交加，如果回到家，还不能卸掉压力、恢复平静，才是大大的无奈。凡是和工作有关的，我尽量都在办公室处理掉，在家中，我的手机永远是静音的，我也很少在家接打工作电话，虽然在疫情期间很难做到，但是我依然努力坚持，不希望工作的事情打扰到家人。

"陪伴"是个模糊的字眼，有效陪伴、高质量的陪伴才是我们要做的。天天和家人在一起，每天围绕娃来转，对于职场人士来说，是不现实的。我就想每天抽出一个专门时间陪伴孩子，比如在临睡前的黄金亲子时间，与娃聊聊天，一起读本书。还有一个特别高效的家庭活动，就是我们家每年都有两到三次的全家游，每次度假两周左右。在这十几天内，一家三口在一起，是一次充分尽情的交流。减压的方法很多，但核心是，你要有一个心灵港湾，在这里，你可以栖息，可以休整，可以充电，然后满血复活归来。

第七章

职场礼仪篇

每次见重要的人
都要认真洗个头

形象永远在能力之前

长江商学院的新员工招聘有个规矩，所有人最后一关面试，包括前台的面试，都要由项院长亲自把关，他可能就是和申请人简单聊几句，或在五分钟内结束面试。

有的应聘者面试完，忐忑地来到我办公室求安慰："是不是没戏啊？这么快就结束面试了。"我劝他把心放在肚子里，院长阅人无数，自然可以在短时间内辨人识才。

这个本事是经年累月修炼出来的，院长这么多年在商学院工作，天天和企业家打交道，他面对新人，打眼过去，聊个三五分钟，就已经知道对方的水深水浅了。

在社交活动中，超过90%的人都是全凭印象做出决定，而见面的前三十秒，更是你是否给人留下好印象的关键。

我记得杨澜说过，形象永远在能力之前。

职场历练越久，你会发现，这句话说得太对了。能力重要不重要？太重要了。但人与人相处时，个人形象如何，才是第一加分项。我们面试员工，如果是男生，阳光帅气的肯定占优势；女生清爽精神的肯定占优势。

我可以告诉你一个无情的事实：一个职业的美女（帅哥）肯定更能让人有聊天的欲望。

所以，尽你所能地让自己看上去显得"更美更精神"吧。年轻人要利用好自己的天然优势，而乘风破浪的小姐姐们也无须气馁，三十岁以后的美貌是发自内心的，由内而外的优雅更加惊心动魄。

我也经常参加招生面试，面试各个项目课程的企业家申请人。几位面试官也常常打趣评论说"某某同学很有福相"，其实这个福相是职业形象和气质的整体体现。

你不一定要穿各种名牌，但要做到穿着得体，干干净净，清清爽爽，精气神立起来。人过四十，更要为自己的面孔负责，职场形象不单单是漂亮与化妆那么简单，你经过的事，读过的书，见过的世界，都蕴藏在你的气质中。但凡注重职场形象的员工，其收入往往也高出其他人，你的职场形象价值万金，不是可有可无。

除了外表，肢体语言也是重点。肢体语言的第一要素是目光，坚定的目光代表着你的内心，所以要学会去看对方的眼睛，准确地说是两眼之间的三角区，因为总盯着别人的眼睛，也有失礼貌。

倾听的时候不能玩手机，不能玩手机，不能玩手机！重要的事情说三遍。用你清澈的目光看着对方的眼睛，不时地会心一笑点点头，那么你就赢了大半。

职场礼仪中，第一印象特别重要。当我在公众场合发言时，我会特别注意自己的形象，我和同事开玩笑说在长江工作，经常上台发言，但从来没有置装费，还要自己掏腰包买合适的服装，为的是给大家留下得体的职场印象。

越是年轻，越是职场新人，穿着越需要正式：西服套装，黑色、藏蓝色为主。随着年龄的增加，反而可以减少穿正装的比率，更多的时候是要找到适合自己的着装风格，然后发挥自己的长处。我的同事开玩笑说："见面前，如果杨老师认真洗了个头，那么见的这个人肯定很重要。"

卓越的职场人士有一个共性

看一个员工有没有前途，看看他的工位就能猜个大概。有的工位整洁有序、清清爽爽，这个员工做事就很有条理；有的工位，文件堆积如小山，键盘上藏有面包屑与咖啡渣，电脑座椅下，还有没有丢弃的外卖包装盒，这样的员工工作虽然卖力，但往往效率不高，丢三落四，甚至会舍本求末。

整理工位，其实就是为工作排序，掌控你的工作时间轴。奇妙的是，当我们开始整理空间时，时间就会变得高效。前面我聊到时间管理术，这个小技巧也可以作为补充。

我多少有点整理强迫症，到了酒店，会忍不住去收纳归类。

有娃的家庭，没办法时时刻刻做到清洁，我回到家就忍不住收拾规整，也督促女儿去整理房间。睿宝不情愿，我告诉她："学会整理自己的房间，是自我管理的第一步。"

职场管理全在细节里，一个整洁有序的工位，正是一个人管理能力的体现。我们处在一个冗余的时代，太多的东西，太多的商品，太多可有可无的物品。当太多杂物充斥你的生活时，你的职场好运气就会减损了。

环顾左右，卓越的职场人士有一个共性，就是守时。时间观念是职场礼仪的重要一环，很多职场人在这方面跌了跟头，相对而言，西方人很有时间观念。

我们往往觉得欧洲人自由散漫，事实上他们很重诺守时。我最初在诺基亚工作，公司的会议有严格的时间限制，主讲人不拖堂，参会者不迟到，有一说一，说完散会。我特别喜欢这种干脆果断的会议风格。

什么是职场礼仪？简单一句话，但凡会议或者活动，你要比老板早到一点。我在学院负责政府事务，经常带同事去教育部、民政部或者其他相关部门开会，有位同事屡屡迟到，经常是我在门口等她。迟到的同事每每致歉，会说各种迟到的理由。我直接告诉她："道歉其实没用，如果是我换作你，我下次肯定早来一会儿。"

迟到总有理由，北京的交通很堵，家里临时有事，诸如此类的理由，但核心原因只有一条：你对这份工作缺少一份认真，没有真正把这件事放在心里。以我的观察，越是成功的企业家，时间观念越强。

我在草原长大，游牧民经常迁徙，漫游茫茫草原。有时候，游牧人没有钟表，白天看太阳位置，夜间望星辰的闪烁与隐没，四季一身袍子，对节气和时间只有一个粗略的概念。职场不同，职场上有无声的时针在跳动，我们必须在对应的时间完成规划好的事情，否则工作越拖越多。可惜的是，有的人明明生活在一个高度文明的大都市，但时间观念依然滞留在农耕时代。

经常有职场新人问我，怎么找到工作的突破口，怎么迅速提升自己的人气，我总是告诉大家两个字：守时。

山不过来，我就过去呗

早年外企的经历，给了我很多触动。

我的老板是位比利时男士，高高大大，看似粗犷，但很有绅士范儿。我和老板走在一起的时候，他总是抢先一步为我这个助理开门。这只是一个细节，但蕴含了西方文化的基本礼仪。

后来我在商学院工作，尴尬了，男士总想不起为我开门。我和睿爸谈恋爱时，睿爸也从来不为我开门，有时候面前横亘一道门，我故意迟走几步，停在门一侧，单等他开门，他还不解，迷惑地问："怎么啦？"

从这个细节，可以看出中西文化的区别。如今，我已经离开外企很久了，既然碰不到有心的绅士，那么自己开门也未尝不可。我性子急，步子快，走路一阵风，走到前面，顺手开门啦。

现在更多的时候，我是很主动地为大家开门，山不过来，我就过去呗。当然，开门算不了什么，这其中有一个心态的改变：

在什么样的职场，就要顺应什么样的礼仪。

我第一份工作是在国企。作为翻译，有一些机会陪领导接待外宾。刚工作不久，有一次我们接待 IBM 全球总裁和他的太太，是很正式的西餐，那也是我人生中第一次吃正式西餐，我没有任何准备，十足的职场小白。

我随大流就餐，吃着吃着，我突然发现一件非常尴尬的事情，接下来的主菜是牛排，而我面前没了刀叉，因为我用错了刀叉，吃过甜品以后，服务生顺手收走了。

大家可以脑补一下现场的画面，面对美味牛排，一些绅士淑女尽情享受，而我双手空空枯坐在那里，当时我尴尬极了，可以铭记终生。但我又是幸运的，身边总有绅士及时出现。

我身边 IBM 的一位副总裁，一个特别好的老先生，他先叫来服务生，为我新添一副刀叉，他的微笑中有长者的宽慰，帮我化解了尴尬。稍后，他装作不经意地和我说："这样的情况我也经常遇到，放松点。我有两个小窍门，以后遇到这样的场合该怎么办，我偷偷告诉你哈。"

他说下次吃正餐的时候，如果不懂，不要先胡乱吃一通，那样会闹笑话，可以先矜持一会儿，按兵不动，看看别人怎么做，跟着别人学就好了；西餐还有一个常识，无论是什么菜品，品尝的顺序是从外到里，记住这一点，就没有大碍。

这位先生没有点破我不懂礼仪，而是认真地点评这家餐厅的服务生非常不专业，如果是一家真正服务到位的西餐厅，明眼的服务生会看出哪位客人不自然。当客人拿错了刀叉，服务生会不声不响地添置新刀叉。一家让客人尴尬的餐厅不是好餐厅。

听到这里，我释然了。直到现在，我依然感谢这位 IBM 的副总裁，他用很幽默的方式帮助了我，体恤到一位职场菜鸟的尊严。

后来，我经常到世界各地出差或旅行，每个国家、每个城市的风俗与礼仪迥异，老先生传授的两个窍门，还会经常派上用场。

在职场上，不怕你是小白，怕的是你未谋先动，怕的是你不去用心学习。没有人是天生万能的百科全书，你不必急于行动，当遇到新的事物，你可以看一下别人怎么做，照猫画虎、照葫芦画瓢是条可能的捷径。所谓的精英，所谓的大咖，不过是跳过很多坑、闹过很多笑话的资深小白。

细节决定成败。外企每次开会，要求座椅归位，或者说这已经成为大公司文化的一部分。现在 Apple Store、星巴克打烊后，员工需要将桌椅归位，清洁桌面。我去过很多创业公司，一个有趣的观察是看看他们开完会，会议室是否依旧清洁依旧。如果每个与会人员主动保持清洁，这个公司前途可期；反之，如果一团糟，起码说明这家公司的管理不到位。

今天，国内的创业者受硅谷嬉皮士文化影响，认为衣衫不整、办公室凌乱才能彰显创业者的本色，殊不知，一室不扫，何以扫天下？

谦逊一直是职场上的加分项

我过去对中国的传统文化知之不深，现在越咂摸越有味道。比如，《周易》中有六十四卦，每个卦都有好有坏，但唯独谦卦，六爻皆吉，从头到脚都是好的。为什么？因为人与人的相处，谦逊永远是职场上的加分项。

前段时间学院活动，我遇到云南白药 CEO 王明辉校友和郎酒集团创始人汪俊林校友，每次看到这些校友，都特别有感慨，越是有成就的企业家，待人接物越发谦逊，这正是他们成功的秘诀。

在郎酒庄园，我还遇到柳传志先生当年的助理宁旻，现在是联想集团的核心负责人。

柳先生长者风范，于人于事都是春风化雨。宁旻真是继承了柳总的衣钵，一团和气，静水流深。每次看到宁旻，我就会想到柳先生。他在任何时候都能够用一个谦逊的心态面对我们，高山仰止，那我们还有什么理由盲目骄傲呢？

职场的加分项很多，我觉得最重要的是把自己放低，那些初次见面就心生敬意的人，那些在事业上做到风生水起的人，都是把自己放得很低的人，低到尘埃里。

我遇到很多商界的精英，有人起高楼，只是源于他的谦和，有人楼塌了，大概率是过于张扬，以自我为中心。穿着打扮张狂无度，说话举止放肆偏激，表现欲特别强，恨不得聚光灯全部打在自己身上，什么时候一个企业家有绯闻了，那么他离失败就不远了。这在现实中有很多事例可以印证。

谦受益，满招损，这是古训，也是职场的金科玉律。

微信时代的职场礼仪

微信是国民通信工具，疫情加速了移动互联网的普及，线上沟通成为职场主流。交流工具变了，交流的礼仪还在，甚至礼仪更加重要。我偶尔会收到职场新人的语音留言，一串儿的语音，崩溃的是，还都是整整齐齐的 59 秒，微信语音至今没有进度条，听起来好费劲。

我的体会是，发微信语音需要分场合，有的小群，或者熟悉信任的同事，发语音无碍；反之，在一个大群或者对方是陌生人，你发一串语音，会给别人带来接收信息的压力，是一种很不礼貌的行为。大家会觉得你这个人很草率很唐突，这是微信时代典型的职场丢分行为。

在微信群里，有的人发言就很不注意，例如，大家在讨论一件事情，你突然插入广告，还煞有介事地发一个数额极低的红包，这基本上是职场的自我打脸行为。

或者，针对一件事，观点偏激偏颇，逞一时口舌之快，反而丢了职场的面儿。一个大群，几百号人，这时候你的发言就是一个公众行为，这不是朋友间密谈，有的人会犯交浅言深的毛病，或大谈自己的隐私，或聊办公室政治，或议论别人之长短。现在截屏是分分钟的事儿，如有好事者，断章取义，胡乱转发，很可能就是一场职场小风波。

　　有的群经常发一些特别消极负面的链接，群内鱼龙混杂，某人发一篇文章，如果你很随意地评价几句，或者是调侃式开个玩笑，微信交流最大的坑是失去了上下文的语境，这时别人是无法感知你的真实表达的，很可能一石投湖，顿生涟漪。

　　线上交流最好是一对一地沟通，但你想表扬一个人时，或者传递正能量的信息，可以稳妥地在大群里说；反之，批评一个人，还是以单独沟通为宜。

　　当然，也不需要每时每刻都保持警惕，发言前过分斟酌咬文嚼字，大家会觉得你很装。我的建议，和而不同，有的人太喜欢辩论，要想明白一件事，你是想赢得辩论还是想赢得人生？不要卷入无益的口舌之争，还是那句话，你到底想要什么样的人生，赶紧搬砖去。

　　职场的修炼远远不仅仅是外表，更多的是有一个终身学习的态度。容颜总会老去，有充盈的内心、开放的胸怀，才可以做职场最靓的仔。腹有诗书气自华，多读一些滋养心灵的好书，做到与人相处不卑不亢，知分寸，懂界限。

如何与大佬愉快地聊天？

职场新人常常面临一个小忐忑，也是大家共同的心魔，就是如何与大佬愉快地聊天。

这就涉及职场上的社交管理。工作的缘故，我要参加好多活动。每天回到家，我有一个复盘的过程，思考哪些是有价值的，哪些又是可以下次谢绝参加的。

社交有别，或是纯粹的联络感情，或是纯粹的兴趣主题交流。什么是有效社交？这个问题我想了很久，我觉得有效社交就是，给你的精神生活，或者感情生活，以及工作带来愉悦和进步的社交活动。

这里有个关键词：愉悦和进步。

网上有文章经常呼吁放弃社交，但没有人定义什么是有效社交，有效社交的标准是什么。

根据这个标准，你可以判断一下参加的社交活动是否有效。

你和闺蜜约下午茶，吐槽家庭与职场的苦恼，你的每一个心绪，闺蜜都懂，你的每一个槽点，闺蜜都点赞，吐槽完毕，心情舒畅，满血复活，这就是生活中的有效社交。

工作上的有效社交，在于是否对工作有所推动，与高手论道，对方一句话就可以点破职场迷津。

有次院长安排学院所有的高级经理做战略规划，我突然发现自己连PPT都不会做了。

我很失落，叩问自己，怎么现在丧失了这些基本的动手能力？我的职场生涯从班主任助理和小秘书做起，做PPT曾是家常便饭，这对我是一个重大打击。我很困惑，自己现在就像一名职场的"妈妈桑"，天天在社交活动中耗时耗力，我应该把精力扑在具体的工作上啊。

我久惑而不得其解，于是请教一名资深的校友。

他送我一句话，颇有醍醐灌顶之感，他说："底层靠奋斗，顶层靠圈子。"

职场初期，你需要踏踏实实地把分内事做好，越往上走，你和别人的沟通交流的有效社交越发重要。不是说底层社交不重要，而是说管理者的工作，更多的重点应该放在沟通上。也因此，有效社交的重要性就越来越突出。

生活社交和职场社交有所不同，前者倾向放松与兴趣，后者是有明确目的。工作上的有效社交，就是能不能跟比你高一级别的人，或者在职场中能够对你有所帮助的人，有一个顺畅的沟通，对你手头上的工作有所促进。

问题来了，很多同事问我，杨老师你去跟很多大佬和优秀校友聊天，都是在聊什么话题？职场中人的一个困惑是，不知道如何与大佬愉快地聊天。

凡事都应明确目标化，你去参加一个活动，你要衡量一下，你的目标是什么，你到底要达成一个什么样的结果。

以学院的员工为例，如果去招生，初识陌生人，那就需要先拉近距离，俗称套近乎。

如果是考察，那就是代表学院摸底，那就可以"装"一下，保持适当的距离，展现小小的威严。

如果是去联络感情，没啥具体要求，那么在一片祥和的气氛中度过快乐的两个小时就是你的目标。

初次见面难免生疏，如何快速地拉近距离？找到共同点作为突破口，是个屡试不爽的好办法。

想清楚目标后，接下来要做点儿功课。比如：这位客户是哪个行业的？这个行业的基本面自己了解吗？他公司的基本面怎么样？他的学历背景是什么样的，草根？海归？北清高才生？

感谢互联网，十分钟后你就可以在网上找到大部分信息。心中有料，自然底气十足。所有的尴聊都是因为自己无知，所以，请做好功课。

古人说有四同，同族同亲，同乡同学。

感谢中国人复杂的认祖系统，你的出生地、籍贯、祖籍，你父母的出生地、籍贯、祖籍，你兄弟姐妹伴侣的出生地、籍贯、祖籍，基本上全中国都可以涉及了。找到你们的第一个共同点，就找到了第一个突破口。

招生或销售的大忌是太心切，一场愉快的沟通在于我们可以把天聊下去，沟通是有起承转合的，你需要找到合适的时点，不时地去推动，但不是一推到底。聊不下去的时候，适当地换个轻松的话题，调节一下气氛，让彼此都放松下来，以方便我们发动第二轮次的推动。

所以，需要了解一些最近的热点新闻，帮助我们更好地衔接，躲过尬聊。当然，八卦只是开胃甜点，你来社交的目标才是硬菜大餐。

太多时候，我们急于表达自己的观点，试图说服对方接受我们的产品，往往把客户吓跑了。

沟通最核心的一点是倾听，而不是表达。所以了解对方的真正需求或兴趣点，站在对方的角度想问题说问题，会起到事半功倍的效果。

要学会问问题，我的压箱底撒手锏问题是：我能为你做点儿什么？

如果你先能了解对方的需求和痛点，站在他的角度去看问题，你接下来的销售反而会更顺畅。

再富有的人、再有权势的人，也一样有需求，也一样需要不同类型的朋友。

他可能是个青年才俊，不过也可能是个新手爸爸；抑或他是个亿万富翁，但是正在为老父亲的疾病一筹莫展。更进一步，也许他正在寻找企业转型的机会，急于看看别人做得怎么样。当你的客户愿意告诉你他的苦恼时，你就赢得了他的信任。而信任，是开启沟通的钥匙。

我们如何与一个更高层次的人有效沟通，从根本上来说，是你是否有足够的学识、足够的认知。

过去，我关注许多管理类的书籍，近年来，我特别偏爱文史哲的好书，有空看看画展，远足旅行，慢慢就打开了自己的视野。

　　当你的心足够宁静的时候，你就会变得包容与自信，也多了一份同理心，那么与高手交流，就是一个同频共振式的对话，每每谈到会心处，会收获颅内高潮的快感。

传达信息的方式，比传达信息的内容重要

回过头看，所谓人脉，根本上还是先做到个人优秀，然后源源不断认识更多优秀的人，与优秀的人切磋学习，互通有无，是一个正向循环不断进步的过程。

进入职场这么久，我越来越觉得，传达信息的方式，可能比传达信息的内容更为重要，它将决定大家是否能够记住你的信息，并采纳你的建议。

学会真诚地表达自己的观点，不要曲意迎合。假如三观不同，那就换个话题，求同存异，找到可以达成一致的话题来聊一聊。一味地顺从对方的心意，或者和对方一争高下，都是没必要的互相伤害。

《庄子》中有八字箴言：形莫若就，心莫若和。古人太有智慧，八个字把人际关系的边界感与坚持原则说透了。你所有的行为，可以呼应别人，但内心一定要恪守初心，不要随波逐流。有

时候，你去社交、去沟通，交流的内容也许是次要的，你是不是有个姿态去重视别人的想法，是不是可以放下己见去换位思考一下，反而更重要。如果你有一个聆听的态度，也许很多谈判的难题就迎刃而解了。

职场与生活同理，我和孩子交流时，你正襟危坐，滔滔不绝地谈大道理，你是讲痛快了，可是孩子大概率不乐意听。你去推销一个产品，密不透风地"硬广"半小时，别人听得头大，效果肯定不理想。

所谓的职场礼仪，其实是一个从外到内的自我修炼，从注重着装，到守时重诺，再到读书养气，这需要长时间的修炼。职场如此，人生也一样，这种修行不是苦行僧般的面壁，也不是处心积虑的算计，而是开开心心上班去，平平安安回家来。

真诚俩字，在我看来是最重要的特质，如果你真诚做一件事，其实你不必在乎别人的毁誉，哪怕无人喝彩，你一样可以踏上事业的坦途。君子坦荡荡，小人长戚戚，如果你能做到在所有人面前都表里如一，那么你和所有人的交往就特别简单。

当你变得简单，世界也就不会复杂。互联网时代，每一个人都是一个自品牌，为人简单，处事真诚，菜鸟终成职场金凤凰。

第八章

总结篇

认知决定选择
选择决定幸福

看清楚手中有什么牌，再做选择

疫情最凶的时候，我宅在家里，追了一部美剧《致命女人》，里面有一句台词：A happy life isn't hard to come by, the trick is to not regret the choices you made along the way.

我特别喜欢这句台词：幸福的生活并不难遇到，关键在于你一路走来所有的选择都不要后悔。

这句台词就像子弹一样击中了我的心。职场也罢，人生也好，最重要的就是选择、取舍。

当站在人生的十字路口，很多人左右为难，瞻前顾后。核心问题就是太多人并没有想好到底想要什么，或者是所有的东西都想一揽入怀。少则明，多则惑，做每一个选择时，一定要静下心来，踏踏实实问问自己：你到底想要什么。

人道是，北大的保安个个是哲学家，为什么？每次进校门，保安总会问："你是谁？你从哪里来？你要去哪里？"

保安的问题，其实也是职场的灵魂三问：我想要什么样的人生？从哪里来？到哪里去？

拆解开来，就是我过去积累了什么样的能量，有什么样的资源，职场生涯的下一站是什么，我的终极目标是什么。

人这一辈子，就是不断认清自己、认知世界的过程，有宏观层面的，也有微观层面的。

北师大外语系毕业后，我也特别想找到一个光鲜体面的工作。在当年，对于外语系毕业的学生来说，最好的选择是去外企。

小说或电视剧不都是这样的吗？外语系的高才生来到外企工作，一身职业装，出入在城市里最高档华丽的写字楼，这是很多名校女生的憧憬。我宿舍里有两位北京同学，她们有当地户口，不用犹豫，直接应聘外企，但是我就不一样，我要先记得自己来自哪里。

我来自内蒙古一个小城市，我与北京的同学相比，最缺的是一个北京户口。取得户口，成为当时最重要的目标，有了清晰的目标，选择就简单了。我当然想去外企，但外企不能解决户口，我是普通人家的孩子，也没啥资源，可以先解决户口问题再进入外企。

所以我的选择就变得很简单——找一家可以给我户口的工作，这是我留京的第一步。于是进入国企工作一年多，拿到了户口后，就开启了寻找下一站的工作。所谓的取舍，就是你要看看你手里有什么牌，然后再做选择。

我理解的取势、明道、优术

　　企业做决策常常用到 SWOT 分析法。20 世纪 80 年代初，美国旧金山大学的管理学教授韦里克率先提出这个方法论，泛用在企业战略和市场竞争分析中。SWOT 是四个英文单词的首字母的合成，企业的优势（Strengths）、劣势（Weaknesses）、机会（Opportunities）和风险（Threats），当然，这个方法论同样适用于一个人的职业规划。

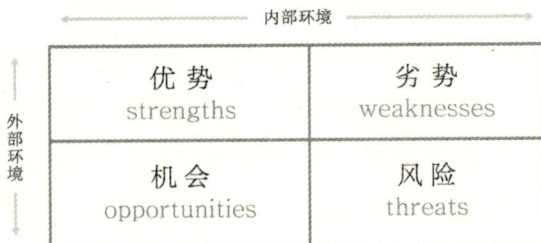

	内部环境	
外部环境	优 势 strengths	劣 势 weaknesses
	机 会 opportunities	风 险 threats

　　人最难的是认知自己，尤其是年轻女性在择业择偶的当口，

这个时候真的要学一点方法论，更清晰也更容易去做选择。可以拿来一张白纸，画上四象限，分析优劣，看到机会，知道自己的短板。

最优选是，你的优势与机遇的组合，好风凭借力，送我上青云。最差的选择是短板遇到下沉的环境，路越走越窄，乃至无路可走。

我在香港科大工作时，拿到哈佛商学院的一个 offer。我一直有个职业生涯求得圆满的夙愿，我曾在中国和亚洲最好的商学院工作过，只差临门一脚，再到哈佛这所全球最好的商学院工作就修成正果大圆满了。站在职业的角度，我非常愿意去哈佛，但站在生活的角度，又有很多不便。生活而言，哈佛商学院的中国中心在上海，我的家在北京，如果接受这个 offer，就要面临搬家、夫妻分隔两地等等的考验。

参照 SWOT 给自己做了一个分析后，我轻松决定回到北大工作，放弃了哈佛。哈佛的总部毕竟是在美国，在波士顿，中国只是哈佛全球战略的一部分，如果我选择当哈佛的中国首席代表，未来升职，就要到波士顿工作。

我是外语系毕业的，回到北大，语言是个优势，但如果去了美国，与别人的母语比较，语言可能就成为一种劣势。

表面上看，我是在选择回到北大还是接受哈佛的 offer，往更深的层面讲，是留在国内工作，还是去国外；是与中国的商学院共同成长，还是进入全球顶尖的哈佛工作。

在职场的十字街头，我庆幸自己留在国内，见证了中国商学院的发展。

2004 年，长江商学院对外筹备招生宣传方案，第一次使用"势、道、术"的字眼，宣传页上湖水静谧，一位企业家笃定安坐，思索未来。现在，"取势、明道、优术"已成为传播甚广、脍炙人口的六字管理箴言，叩响了企业家的心门。这六个字的缘起，是院长与中国商界精英智慧碰撞的结晶。

我在长江工作越久，或者当职位越往上升的时候，对这六个字就有更深的体会。取势、明道、优术是三个层面，这六个字把选择取舍之道说尽了。

你做职业规划的时候，先要想想大环境是什么。举个例子，罗永浩老师的锤子手机虽然没成功，但老罗却在抖音卖货中风光无限。手机是红海市场，老罗进入制造业时，手机市场已经诸侯割据，新的品牌很难有容身之地，直播卖货这两年正是风口期，老罗的口才非常优秀，所以在直播中扳回一城。

我大学毕业，先在国企拿到户口，不久进入中欧商学院工作，中国经济的腾飞，托起了商学院的崛起。取势取势，取是拿来，势最初是先秦兵家的关键词，就像打仗，你占领了高处，从上而下伏击，自然得其地势。怎么做到顺势而为？平时就要多学习，多思考，看清大环境，想想你选择的行业是已显颓势的夕阳行业，还是朝气蓬勃风景无限的朝阳产业，自然知道如何选择。

选择，往往大于努力。因为，选择是更难的努力，选择需要割舍，需要勇气，需要认知力。

要始终相信，时机和平台带给你的，要比其他多得多。

明道则是你的人生观和价值观到底是什么，或者更直白点，就是我在这本书开篇就聊的：你到底想要什么？作为一名女生，你是想当一位相夫教子的全职太太，还是做一位风风火火的职业女性？

我给自己的定位是职业经理人，我曾经也有过当全职太太的憧憬，后来发现"臣妾做不到"。疫情期间，一位同事和我开玩笑："杨老师连续一周不出差是不是浑身难受？"我是一名职业经理人，更愿意在工作上取得成就，出差就是我生活的一部分。

不是说做全职太太不开心，我真心觉得当一个优秀的全职太太是特别不容易的事，至少是我目前做不到的。我很敬佩为家庭倾心付出的女性，每个人想要的不一样。做职业规划，某种程度上，也就是规划你的人生，你的生活方式，你努力奔跑的方向，此为明道。

优术简单说就是提升自己的能力，你一定要实实在在地去提升自己的本事，不断学习，保持精进。

势、道、术是一个层层推进剥茧抽丝的过程，是一个从对外管理到对内管理的过程，也是一个从论道务虚到落地实干的过程。

君子不器，职场的软实力

职场上有一个特别有意思的悖论：工作找不到合适的人，人找不到合适的工作。

我做了多年的管理工作，接触到商学院的校友大部分是企业家，他们经常处在很焦虑的找人状态。校友们经常找我推荐，有没有合适的人选来他公司任职 CFO，或者推荐一名能干的人统率业务。可以说，一名管理者工作很大的一部分，就是找到合适的人，找到真正能干的人，找到可以胜任的人。

我经常遇到的情况是：上一个电话是一位高管校友请我帮忙，给孩子留意推荐工作机会；下一个电话是一位企业家校友找我推荐好的人才。

这种心情是真诚且迫切的，职场上游的人在找人，下游的人在找工作，上游和下游往往无法照面，双方都急得嗷嗷叫，甲方找不到真正的人才，乙方待价而沽，却不知道如何修炼自己的内功。

新的技术更新，导致了人才需求的全面升级换代。长江商学院的教授、京东首席战略官廖建文说："所有行业都值得（用新模式）重新做一遍。"

同样，所有的行业从业者需要重新认识自己的工作，重新开始。有的工作职位消失了，但是新的职位产生了，核心问题在于：你能不能适应新的工作？你能不能抓住新的职业机会？

有的人发牢骚：疫情时期，大环境不好，做什么都不易。我要反问一句，大环境好的时候，也没见你嗖嗖大步往前走啊？细观很多优秀的企业，就是做到了逆风而行，在多变中发现商机，赚得盆满钵满。

互联网时代，一个人跨领域工作的能力强，对新兴职业的适应性强，人的软实力就凸显出来了。

什么是新形势下的人才标准？一个人的软技能非常重要。《论语》中说："君子不器。"字面的意思，君子不要只像一件器皿那样。展开来说，就是君子不要只会一项技能，离开一个技能或者一个领域后，无所适从面临失业。

某项技能就是一个人的硬实力，那么未来比的是一个人的软实力，就是一个人的认知，一个人的思维模式，一个人是否拥有开放的心态，这些会变得极为重要。创造力、谈判力、团队协作能力和新环境的适应能力，才是软实力的要点。

在职场，等一朵花开

一个人的职场生涯，无非划分为几个阶段：职场初期、进阶期、瓶颈期与巅峰期。

对于职场新人，我建议到大公司历练一番。大公司、大的平台可能给不了高工资，但是大公司、大平台这个起点非常重要。你的工作出身，你的职场起点，会影响你之后一整串的选择。

一个是薪水还不错、工作稳定的小公司，一个是工资勉强但有各种学习机会的大公司，你会选择哪个？我的建议是选择大平台、大公司。职场新人不要太在乎赚多少钱，而应该看重你的起点是什么。

很多小朋友找我聊，大家对大环境、小环境描述得很清晰，认识也很到位，只是眼高手低，自己的能力托不住自己的梦想。

前段时间，侄子找我聊他的创业蓝图，说想瞄准社区，服务居民。

我说年轻人有想法值得鼓励，孩子想创业，小姑肯定支持你。再好的点子也要落地，你这个社区项目是卖菜，还是卖半成品的餐品？怎么可以与社区周围的便利店错开竞争？第一批用户从哪里来？开发不开发客户端？仓储的压力大不大？上游的供应商怎么对接？盈利空间大不大？

再者，社区这块下沉的肥肉，阿里系的盒马鲜生一直盯着，美团也虎视眈眈地伺机进军，拼多多力推多多买菜，就连主打出行服务的滴滴公司，也做起社区团购的生意。试问，一个刚刚大学的毕业生，怎么在群狼环伺的大品牌中杀出一个缝隙呢？

侄子想想说："我把这个金点子卖给盒马？"我说："你能想到的，大公司和资本方很可能早已经想到。这些大公司之所以没有行动，很大可能就是通过论证发现商业模式还不成熟。"

职场上也常有新人和我聊，希望升职。职场升迁，反求诸己，你要升职的话，要承担更多的责任，当你独当一面带团队之时，是不是你已经做好了这个准备？你的能力是否和职位相匹配？

职场新人常常觉得自己没有被公平对待，玉在匣中，钗在奁内，无法尽情施展才华。

怎么看职场规划的误区，我觉得眼高手低非常正常，因为你没有躬身入局，不知道水深水浅。我也一样，前面章节聊过，我在中欧工作，工作两三年，心心念念北京首席代表的职位，在很多年以后，我才意识到当年自己距离那个职位的要求很远很远。当时，我才工作了三年，怎么有能力担当如此具有战略意义的岗位呢？

职场上有句话：一年勤快两年懒，三年想把领导管，这是太多职场新人的真实写照。有时候，我们会把自己的欲望当作志气。急于冒进是年轻人的典型心态。

敲黑板，画重点：我们聊的每一章都是以关系为依据的。圆心是你想要什么，你热爱什么。在做职业规划的时候，你还要回归到内心，叩问自己：这是我热爱的事情吗？如果是，热爱是最好的老师，乐此不疲去追求，沉浸其中，你会找到此生的意义；反之，每天的工作就演变为一种折磨。

我当年为了户口，选择去了国企，在那家观念陈旧的公司，对我而言，每一天都那么漫长，所以当拿到户口，我不久就辞职离开了。其实，说出这家国企的名字，可能大家会觉得这是个铁饭碗，捧着也不错，且是一家上市公司。如果我继续待下去，说不定现在也是管理层了。当时我执意辞职的时候，家里的长辈特别不理解。我进国企不过是权宜之计，为了目标，把热爱暂且收拾起来，等待春天，旋即绽放。

当热爱与目标只能二选一时，先选择目标，延迟满足，等条件成熟后，拥有了自主选择的权利，才可以大声与不喜欢的工作说拜拜。我喜欢漫画家小林的一本书《等一朵花开》，一朵花开固然好，但要能耐着性子等。

热爱与目标感不冲突。当你知道一朵花终将要开，那么等待就是有意义的，一时的迂回战术也是必要的。现在，年轻人有句口头禅：爱自己。这需要辨别一下，你是爱那个逃避现实、贪图一时之利的自己，还是爱那个耐心等待、积蓄力量的自己？你是爱那个及时享乐、推三阻四的自己，还是爱那个长期付出、拥抱改变的自己？

职场需要必要的危机感

职场进阶阶段，常常面临着挑战和危机。疫情更加速了职场的洗牌与淘汰。

我问大家两个问题：

什么样的人可能会在第一批裁员中离开？

——一定是公司感觉性价比最差的。

什么样的员工性价比最差？

——中层管理者，那些在公司工作多年，薪酬较高，没有实际贡献的人，一定是裁员的第一目标。

而我们这些人到中年，在行业、在公司积累多年的职场老手，一切似乎都是岁月静好，哪里会想到一声惊雷？

2020 年春，疫情一起，一夜之间，全国人民都成了微商。

亲自直播带货的企业家不胜枚举。携程创始人梁建章甚至愿意扮成小龙女直播带货。

梁建章作为携程的创始人之一,企业 2003 年上市后,2007 年去斯坦福大学读经济学博士,研究方向是人口和创业以及中国劳动力市场。

2012 年秋季,北大光华开学时的全体员工大会上,院长正式介绍了这学期新加入师资团队的教授之一:梁建章博士。

那时候才知道,原来企业家梁建章多年的夙愿是在大学里做一名教授,好好做研究,踏实做学问。

然而,我在北大的校园并没有见过几次梁教授。旅游网新贵去哪儿网崛起,携程一度风雨满楼,那时的梁教授断然放下教授梦,回到携程,引领携程走出困境,最终收购去哪儿,重塑中国线上旅游行业当之无愧的龙头老大。

疫情来临,旅游和餐饮被重创,我们也因此看到梁建章版的"小龙女"。

梁教授的经历告诉了我们什么?认知是一个职场人的基本素养,认清时势,认知自己,放下身段,与职场难题正面刚,才是解决问题的法子。

我有很多传统媒体行业的老朋友,当年意气风发,挥斥方遒,这些年看着一家家报纸、杂志关闭,老友们纷纷失业或者转行。有的人一蹶不振,在中年提前过上了老年退休生活,也有少数人风生水起,成为新媒体时代的大 V 网红。

应对职场变天,我有一个妙招:就是你在本职工作之外,可以发展一两个爱好。早在北大工作时,我做了"睿妈看教育"的公众号。2019 年,我又发起江畔读书社群。爱好是一种休息,也是一种试验田。八年做自媒体公众号的过程,也是一个躬身入局的过程，让我切实看到新媒体的爆炸，如何去营销，如何去做推广，这些技巧统统都运用在现实的工作中，对于我在学院的工作帮助良多。2020 年疫情伊始，我尝试着做了十次直播课，也就是这本书的缘起。而同时，我对整个在线教育有了切身的认知。

面对互联网涌现出的各类知识付费的课程，我有时候也困惑，不知这些课程是否会冲击到商学院，是不是大学的围墙就会慢慢倒塌？当我做过直播之后，这些问题不攻自破，线上固然便捷，但教育的光芒源于看见，源于气场，商学院的核心在于优秀的人在一起进步，这是线上教育到目前为止无法比拟的。

他山之石，真的可以攻玉。我算一枚半拉的斜杠青年，投身爱好，为的是给工作更多的启发点。间歇做一名斜杠，做一些看似对工作无直接作用的事情，比如读书、跑步与旅行，反而令你的心沉下来，换个角度看待当下的工作。

不过，爱好是爱好，工作还是工作，分寸有度，有张有弛，才是职场的王道。

踩油门，不要踩刹车

职场进入平台期，做过 HR 的人都知道，跳槽实际上是获得加薪最快的方法，当然是有选择、有目标地换工作。

在原有公司，加薪＋升职这等双倍快乐，往往熬资排队，兼之僧多粥少，等多少年，也不一定能轮到你身上。这时，如你的实力堪当，就可以择机跳槽。

跳得好，就是职场弯道超车的机会。

我的职场经历受益于跳槽。我和同事开玩笑称自己是一名中国管理教育界的老兵，商学院的知心大姐。我在中欧、北大、香港科大、长江工作过，国内顶尖的商学院基本走了个遍，我戏称如果再跳槽只剩下清华了。跳来跳去，兜兜转转，岗位在换，学校在换，但对管理教育的初心不变。

我也看到很多人换工作太频繁，干啥啥不行，吐槽老板第一名，跳来跳去，彼此的工作也没有相关性，更别谈什么连贯性。

另外更多的人，愿意固守一份工作，即使别的公司抛来橄榄枝，也有八风不动的定力，与一家公司厮守到老。

不断地刨坑，就挖不到事业的深井，换来换去很麻烦，你浪费了精力与宝贵的时间，还找不到自己喜欢的方向，此外，盲目换工作的代价很大，每一次都是从头开始，离事业通关还早。如果你可以沉下来，深耕数年，就像我们常说的，凡事都要遵守一万个小时努力的法则，你就会慢慢挖到宝。

跳不跳，换不换，取决于你是不是有准备迈出你的舒适区，是否有机会更上一层楼。纵观我每一次换工作，都是走出自己的舒适区。这个过程蛮痛苦，并不是一件愉快的事情。准确说，主动走出自己的舒适区的人，还是少数人。

2014 年，我刚刚加入长江不久，一个巨浪把我直接掀翻：国家发了通知，即日起政府部门和国企人员不得就读 EMBA，入学者退学，新生不得申请。一千多在校生啊，凭空少了小半。

某次上课期间我去教室巡视，看到教授面对那寥寥十几位同学慷慨激昂，我安慰自己：嗯，小班授课效果好，VIP 待遇。

那一年，我工作到体力透支，经常感到胸闷头晕，我满世界去出差，面对潜在申请人的质疑和困惑，我需要眨着我的大眼睛，真诚而坚定地说："放心！我们的项目不会倒，我们就是中国最好的 EMBA！赶紧报名吧，现在才是最好的时机。"

从这件事我学到一个经验：牛皮吹多了，自己就相信了；自己报的马拉松，哭着也要跑完。

在招生季，母亲进京做膝关节手术，我白天忙工作，晚上奔波在医院。301 医院巨大，我奔波在各个楼群科室中，觉得人生八苦，每一劫都是关口。

有次记者采访问我，人生的高光时刻是什么，我想了很久，是那年老母亲术后安好坐飞机返乡的时候，是一年一度的开学典礼之后，是我忙完一天四脚朝天在办公室吃个外卖的时候，是深夜开车通过静悄悄的长安街回家的时候……

其实，哪有什么高光的时刻，不过是从一个坑里爬出来，再冲向下一个坑而已。

我快乐所以你快乐

职场的选择，说到底，这是一个长痛与短痛的问题。

二十九岁那年，我辞职离开北大光华去香港科大读书，就是遇到了职场瓶颈期。如果继续在北大，依赖职场的惯性，又有北大光环的加持，我可以独享一份职场的宁谧，但除了这份宁谧，是不断重复自己。

三十九岁那年，我离开北大，加入长江。我也花了大半年的时间纠结，我知道这次放弃"二进宫"的北大，我就再也回不去了……

从香港回北大工作的时候，我是决定在北大终老一生了。早起顺路送女儿上幼儿园，上班，下午按时下班接娃回家，做饭，吃饭，陪娃睡觉，周而复始。

当时，睿宝马上要上小学了，我办公室马路对面的北大附小应该是个不错的选择。我可以继续早起顺路送睿宝上小学，上班，下午按时下班接娃回家，做饭，吃饭，陪娃睡觉，周而复始。

对于一位"海淀妈妈"和曾经的学霸，放弃北大附小（以及后面的北大附中）对我来说，中间的纠结，真的比自己放弃北大还难。

我以为过去的生活已经足够精彩：从十八线小城市的学霸到北京外企白领，从草原到北京再到香港，有房有车，有爱我的老公和我爱的娃，我不应该再要求更多。

不知道从什么时候开始，我们习惯了悄悄地不停地对自己说：可以了，就这样吧，不要了。

在我最纠结的时候，我读到了一本前文提到的书：《向前一步》。那年暑假，我把这本薄薄的书看了又看，在很多段落上画了又画。

我咬咬牙想：我就向前一步，又能怎样？

在商学院工作，我接触到很多成功人士与人生赢家。从我的观察来看，所谓的成功人士和普通人，最大的区别就在于：当你遇到逆境和挑战的时候，你是一蹶不振，还是奋力一跳？

人的一生，即使看似顺利如《向前一步》的作者桑德伯格，其实也是在不断地面临逆境。你看，她二十出头早婚离异，终于遇到戴夫，克服两地分居走到一起。夫妻恩爱，儿女双全，职场所向披靡，算是人生大赢家了吧？然而美妙戛然而止，先生戴夫突然意外离世。

跳出来，你就是人生更大的赢家；一蹶不振，你就会就此沉沦。

普通如我们，日常生活中，也会遇到这样那样的挑战。人生好比探险，每个人的起点不尽相同，但更重要的是遇到困境时的每一次选择，你是直面，还是逃避，人生的路径也会越来越不同。无论是我们自己，还是培养孩子，教会自己和孩子如何面对挫折、战胜挫折其实才是最最重要的。

一辈子这么短，为什么不能活出三辈子那样的精彩？重复自己，是我无法容忍的。都说四十以后工作不挪窝，职场不换赛道，可是我还是离开了我熟悉的北大，主动终结了北大养老计划。

梅建平教授是当时长江商学院的副院长，他对我说过一句话，点燃了我跃入长江的心。梅教授问我："你愿不愿意和我一起打造中国最好的 EMBA 项目？"

这个提议果然是拨人心弦。有关招生，有关管理教育，我觉得自己过去做到了及格线，但有一个平台，有机会做到九十分，甚至满分，可以把一份工作推到极致，这才是我想要的。

我想要的是可以见证中国管理教育的春天。离开北大加入长江，这是一次可以令事业得以圆满的机缘。

如今回头看，我真的要好好感谢当年迈出的那一步。想想这四十岁后的每一天、每一年，都是如此从未想过的精彩，我都忍不住地开心。

女人四十一枝花，嗯，真理！

所以我说，别给自己的人生设限。

记得几年前一个学医的大哥很认真地告诉我：我们这代人的平均寿命是一百二十岁。

我当时就震惊了。想过吗？你以为四十岁就可以岁月静好了，哪里知道未来还有八十年，甚至更长。四十岁，那难道不是刚起步吗？

快乐是彼此赋予的。

往前走的时候，更要对自己好一点儿。人到中年往往会在意太多人：父母，伴侣，孩子，老板，同事，下属……

我们希望尽自己的努力让身边的每个人都开心快乐，唯独忘了，我们自己也需要开心和快乐。

对自己好一些，不要去做那些牺牲自己开心和快乐的事情，更不要做那些把别人的开心和快乐建立在自己不开心和不快乐上面的事情。

有首歌叫《你快乐所以我快乐》，那是我们二十岁唱的歌。现在，歌名应该改为《我快乐所以你快乐》。

换一种思维，用你的快乐带给更多人快乐，这才是一个成年人该做的。

纵情向前，不恋过往。

张泉灵说：时代抛弃你的时候，连声招呼也不会打。

我说：在时代还没来得及抛弃你的时候，要先抛弃它，走在前面。

[全书完]

长江商学院
采用的性格测试模板

尼采说："生命中最难的阶段，不是没有人懂你，而是你不懂自己。"

有的人，总能抓住机会，不断成功；而有的人，总是与机会擦肩而过，处处碰壁。有的人，遇到挫折，却能绝地反弹逆势飞扬；而有的人，略有困境，就唉声叹气怨天尤人，从此一蹶不振。有的人，家庭美满，关系融洽，事业蒸蒸日上；而有的人，总是反反复复地在亲密关系里受到伤害。

你是不是也经常陷入认知自我的焦虑？生命的觉察，来自自我的认知；自我的认知，又来自性格的认知。

你了解自己吗？了解自己性格中的长处与短板吗？当你开始了解自己、认知自己，面前的这个世界才会变得清晰与宽广。

国际上流行的行为管理学认为，性格大致可以分为五类，以动物命名，分别是老虎、孔雀、考拉、猫头鹰、变色龙。

为便于读者朋友们理解，我们以《西游记》为例，其中师徒五人的性格各有呈现。

1. 老虎型性格是什么样的人？积极主动，竞争意识强，以结果为导向；勇敢果断，喜欢挑战，掌控欲满满。

孙悟空即是老虎型性格的代表人物。取经前，孙悟空自立为齐天大圣，以一人之力挑战神魔两界，竞争意识不可谓不强。后来在取经路上，一棒当先，降妖除魔，排除万难，西行天竺，拜佛为上，凡事以结果为导向。

2. 孔雀型性格是什么样的类型？善于社交，乐于沟通，以人际为导向；热心幽默，口才流畅；为人友善，富有热情。

猪八戒堪是。在高老庄，猪八戒看到有人抢亲，昂然帮忙，热心正义友善，不靠颜值靠沟通，春光灿烂的猪八戒赢得了老庄主的欢心，将女儿下嫁给他。这里是比喻，孔雀型的性格人群，其实在现实中多是美女与大帅哥，因为有颜值、有气质，沟通这门课就占了印象分。

3. 考拉型性格是什么样的人？沉着、冷静、温和、亲切，有耐心，喜欢稳定，拒绝冲突。

取经路上，沙僧是团队中付出型的人才模板，驮行李有他，脏活累活有他，团队争执吵架的时候，他第一个来劝说，息事宁人。团队的黏合剂，低调有料不奢华，这是典型的考拉性格。

4. 何为猫头鹰性格？喜欢精确，分析力强，高度谨慎；观察力强，感觉敏锐，值得托付。

唐僧有猫头鹰性格的体质。取经路上，一心念佛，专注赶路，拒绝诱惑，八风不动。专注、严谨，有坚定的目标感，但保守、刻板。

5. 何为变色龙性格？可以转化不同风格，比较自如，灵活性强，协调性强，是团队的润滑剂。

白龙马是此类性格的代表人物，赶路时，变为坐骑供唐僧驱遣；危难时，又可化身白龙降妖除魔。无事默默奉献，有事跃身而出，君子不器，灵活多变，是典型的变色龙性格。

都说性格决定命运，了解自己是什么性格，是自我改变的第一步。研究发现，能了解自己性格特质的人只有20%，而能看透别人性格特质的人仅仅只有10%。

扫码测试，认知自我，从认知性格开始。

完成测试后，小程序会立刻生成你的性格测评报告。你也可以把测评报告分享给亲友团，邀请大家一起测试，知己知彼，才能管理好当下的关系。

我的推荐书目

我从小喜欢读书，大部分都是闲书小说。大学毕业后很多年忙于生存，似乎小说都读得少。2010 年开始，我重新捡起阅读。我清楚地记得，通读的第一本书是《带一本书去巴黎》，从此不能罢手。

2013 年开始做"睿妈看教育"的公众号，读书荐书也成了我生活中很重要的一部分。我还有幸获得中信出版社颁发的"2016 年度童书推广人"荣誉称号。

2019 年元旦，我发起成立江畔读书社群，社群面向的是企业家与商界精英。两年多，陆续推荐六十多本好书。江畔读书有个六字口号：读书、跑步、去爱。这六个字，有一个共同点，是向内寻找，是自我管理。

读书是一种抽离，也是一种休息和滋养。平常繁忙的我，看到这些惊涛骇浪的大历史，想想工作与生活的琐碎种种，无疑是给自己打点儿鸡血：看看人家的纵横捭阖，你这些都不是什么事儿！

我觉得，读书有时候就是开天眼的过程，打通时间与空间的维度，比如我对照细读过《简明日本史》和《清史三百年》，当所处时代大致相同时，可以看清日本明治政府和晚清政府不同路线的选择。

其实家国一理，路径决定未来。你的选择决定了你的人生。什么决定你的选择？就是你的认知与视野。

我很喜欢古希腊的历史，古希腊较为突出的是多元，希腊实行的就是城邦制，那么多小国家，保守派、民主派，各种声音都有。古希腊对多元有一种特别大的容忍，甚至是欣赏差别，鼓励不同。

仔细看雅典的民主制，其实包含着两个非常矛盾的元素。既非常突出个人，推崇个人中心主义，也特别看重集体，一旦有战争，到前线的战士都是自愿的，这是保卫自己的国家，自当踊跃。

这是特别好玩的地方，有鲜明的个体，才能组织一个特别厉害的团体。读书至此，你会领悟到很多管理的窍门。

一本好看的历史文学

《带一本书去巴黎》｜作者：[美]林达

林达，是一对美籍华人作家夫妇合用的笔名。他们是上海人，1991年移居美国。林达的书被誉为是介绍美国最好的书之一。林达的文字朴实自然，富有洞见，写作领域涉及宪政、法治、历史、国际关系，是少有的全能型作家。

我最喜欢林达的《带一本书去巴黎》，这本书每一篇独立成文，一篇文章完成一个主题，讲述方式轻松口语化，在轻松的阅读中完成思索，是严肃阅读很棒的启蒙书。可以说，是这本书让我重新爱上阅读、爱上历史。

林达的文字富有魅力，既有感性的喟叹，又有理性的哲思，与其说是游记，我更愿意用历史文学来形容林达的书。

《带一本书去巴黎》写的虽然是法国，但作者时时刻刻心念中国，法国大革命时代，伏尔泰、卢梭成为法国的国民级学者，在贵族面前畅谈哲学，而同时代的中国，却处在晚清的没落时代，思想的一荣一枯，令人无限感叹。

我喜欢林达，陆陆续续读完了他们所有的作品，印象深刻的有"近距离看美国系列"、《总统是靠不住的》等，一并推荐。

我是从这本书开始喜欢历史的

《希腊人的故事》｜作者：[日]盐野七生

所有的历史，其实都是当代的回音壁。

读历史就是看现在。我是从读盐野的作品开始喜欢上读历史，读欧洲史，进而世界史的。历史读得越多，希腊越发是个无法绕过的话题。

现代西方的起源可以追溯到14至17世纪的文艺复兴。文艺复兴（renaissance）这个词的本身意思就是重新诞生，意指尘封近千年之久的古希腊和罗马文化，在欧洲再次风生水起，备受推崇。只有了解了其中千丝万缕的历史关系，才能触摸到西方文明的精髓。

作者盐野七生在年轻时，感叹日本没有英雄，由此她开始游学意大利，追寻西方文明的源头，笔耕不辍五十载，陆续创作出《文艺复兴的故事》《罗马人的故事》等畅销书，封笔作品《希腊人的故事》更是历史题材的典范巨作。

希腊文明是西方文明的源头，开创了许多的从零到一，这里是哲学思想的溯源，是科学技术的摇篮，也是政治经济体制的发轫。

盐野七生是我最喜欢的作者之一，我几乎读完了她到目前为止的所有作品，跟着盐野走遍了整个欧洲。

读史的意义是拥有格局观

《人类简史》｜作者：［以色列］尤瓦尔·赫拉利

《人类简史》是以色列历史学家尤瓦尔·赫拉利的一部重磅作品。

过去讲历史，大多是写朝代更迭，王朝变换，历史事件的罗列与演进，即使写得有趣，也是历史故事书的范畴。《人类简史》的不同是，重点写的不是是什么，而是为什么。比如书中写到了为什么是智人从繁多的生命体脱颖而出，演变成为人类；为什么虚构才是人类进化的一大法宝；为什么人类的历史忽左忽右，忽快忽慢。

在碎片化的时代，为什么要读这类大历史的经典好书？是因为我们太过聚焦身边的、即刻发生的信息与新闻，而忽略了历史的长河的走向与转弯。

《人类简史》启发了我，看待今天发生的各种问题，我们需要的不是几十年的视野，而是要从几十万年甚至几百万年的尺度去思考；也不是从中国或美国的角度去思考，而是真正从物种的角度去思考，从智人与不同种类的生命形态的角度去思考。

所以说，读历史的意义是拥有格局观，站得高才能看得远嘛。赫拉利著有人类三部曲，另有《未来简史》《今日简史》，坦率说，后两本多少是应景之作，远不如《人类简史》那么惊艳。看赫拉利的代表作，一本《人类简史》足矣，另推荐大历史范畴的经典好书：《枪炮、病菌与钢铁》。

民国最牛的学者，三个字点破中国近代史

《中国近代史》｜作者：蒋廷黻

提到中国近代史，你会想到什么？是曾国藩与太平天国的胶着缠斗，还是鸦片战争为中华民族带来的巨大耻辱？是康梁发起的戊戌变法，还是孙中山先生领导的辛亥革命？

从总论开始一直到全书结束，这本书从始至终都有一条主线，就是作者忧思中国曾经的落后挨打，其根源是什么。

比如在第二章开头说："我民族何以遇着空前的难关呢？是因为我们的科学不及人。人与人的竞争，民族与民族的竞争，最足以决胜负的，莫过于知识的高低。"

作者发人深省地叩问："近百代的中华民族根本只有一个问题，中国人能够近代化吗？能够利用科学和机械吗？"

作者佐以日本、土耳其、俄国的先例，说明凡是接受了近代的科学、机械及民族主义的国家，全部得以复兴富强。作者在民国时代写下的文字，竟然与当下中国强调的"科技兴邦，科教兴国"高度重合。

联系到近年的中美贸易摩擦，大家有很多不理解，有很多看不懂，但回顾鸦片战争，我们会突然明白，近代史的开启标志事件鸦片战争，其本质不也是一场贸易战吗？

历史的列车总是在熟悉的轨道上前行。

此书果然如封面评语所写：民国时期最负盛名的历史学家的著作。时至今日，阅读这本书，依然为它的前卫、客观、开明所折服。

写中国近代史的好书很多，但蒋廷黻先生这本堪称翘楚，套用一个广告词：简约不简单。延伸阅读，我推荐澳洲学者杰弗里·布

莱德的《20世纪简史》，从世界史的角度，看待20世纪历史风云。

头号中国通怎么看中国现代史？

《费正清中国回忆录》| 作者：[美] 费正清

这是一个"头号中国通"最完整的传奇人生记录，也是一部个人化的现代中国史。如果想了解中国现代史，从这本书开始阅读，是一个不错的选择。

老话说，当局者迷，旁观者清。费正清曾五度来华亲历中国变革，接触、结识梁思成、林徽因、费孝通、乔冠华等上百位中美政学重要人物，见证了中国半个多世纪的奋起与失落，这可谓空前绝后。他既是历史的观察者，也是历史的亲历者。

读这本书，并不像读学术著作那样累，读者经常被他不经意间地逗乐，比如他在书中说："我已经学会了如何在一群历史学家中做一名汉学家；相反，我也知道如何在一群汉学家中成为一名历史学家。就像中国的强盗，他们从来不会被抓到，因为他们总会在两个省份的交界处，当一方追捕时就迅速逃向另一方的管辖区内。"

在书的末尾，中国通费孝通先生说："中国革命与其说是我们的敌人，不如说是我们的朋友。他们关注自身发展，并没有对外扩张的野行。随着我们关系的进一步发展，我们一定能够互惠互利。"

这是智者的寄言，这本回忆录不仅映照了当时的风云时代，在今天依然有很宝贵的参考价值。有关现代中国史，我还推荐一本《蒋介石与现代中国》，是近年的历史口碑佳作。

奈飞第一原则：只招成年人

《奈飞文化手册》｜作者：[美]帕蒂·麦考德

奈飞是一家极具传奇色彩的公司，出品过《纸牌屋》，它与脸书、亚马逊、谷歌并称美股四剑客。

本书系统介绍了奈飞文化准则，全面阐述了当前美国硅谷最新的管人理念。成熟的公司拒绝"巨婴"，奈飞的第一项文化准则：员工只招成年人。

什么是成年人？就是能够为自己和公司负责任，有独立思考和行事能力，不需要别人看着、扶着、哄着就能干活儿的人。

在奈飞，员工获得的最重要的回报，除了颇具竞争力的薪金，便是自我成长。奈飞公司曾做出决定：取消严格的请休假制度，放权于员工，让他们自由裁度时间。

事实证明，一支拥有成年人心智、拥有明确奋斗目标的团队，其成员不会放纵自己的惰性，大家懂得平衡自己的工作与生活。

后来，奈飞公司的创始人里德·哈斯廷斯出版新书《不拘一格》，两本书参照阅读，读者可以了解到这家传奇公司的管理方法论。

《乌合之众》的警醒意义

《乌合之众》｜作者：[法]古斯塔夫·勒庞

《乌合之众》，又译《群体心理学》，是一本有关组织行为学的经典好书。

《乌合之众》这部著作完成于一百多年前，主要的研究案例是

"法国大革命"，但其理论在今天依然有很高的适用性。

我原来以为，"乌合之众"指的是没有受过良好教育的普通大众，遇到事件的时候才发现，即使在商界精英的圈层，有的时候也难免陷入群体思维，这是多么震惊的一个发现。

任何一个人，一旦被事件裹挟，个人行为很容易脱离理智。一个人成为群体的一部分，言行似乎很容易失去理智。

工作中，每一天我都要处理"群体"和"组织"的关系。比如，我要处理一个群体事件，我们应该怎么办？这其实是我自己经常面对的情况。小到同学不满意教授的授课，大到校友不赞同学院的决议。

成也"乌合之众"，败也"乌合之众"，我想不单是我，每一位清醒的爱书人，都需要面对这一点。

认知成功的本质

《异类》| 作者：[美] 马尔科姆·格拉德威尔

马尔科姆·格拉德威尔被誉为"21世纪的德鲁克"。2005年被《时代》周刊评为全球最有影响力的100位人物之一。他的代表作品《引爆点》《异类》《眨眼之间》均创造了书市神话。

这本书中揭示了一些令人惊异的统计结果，比如加拿大冰球顶级球队大部分球手的生日都集中在1月至3月，尤其以1月出生的球手为多。

为什么会出现这种情况呢？

加拿大冰球队按照年龄分组的分界线是1月1日，也就是说，一个1月出生的选手，在跟同组的选手竞争时是有年龄优势的，在青春期之前，这种年龄优势带来的生理发育的差异是巨大的。通过高水平的比赛与训练，优秀选手们的领先优势会进一步扩大，从而在冰球运动上有更大的发展空间，这就是管理学中常常提到的优势积累。

《异类》这本书中还提到了流传甚广的1万小时理论对于成功的帮助。

与市面上流行的鸡汤文学相比，这本书可以说是反鸡汤的，本书总结分析了走向成功的因素，强调了除了自身的智商和努力程度以外，取势、明道缺一不可。认清这些因素，有助于我们认知成功的本质，调整前进的方向，抓住职场的机遇。

清单在手，职场不愁

《清单革命》｜作者：［美］阿图·葛文德

作者葛文德是位享有盛誉的外科专家，曾被《时代周刊》评为2010年"全球100位最具影响力人物"之一，且是榜单中唯一一位医生。

作者认为，在碎片化时代，信息接近饱和，我们有时候混淆主次，无法为每天的工作优先排序，而清单可以帮助记忆工作步骤，标记关键环节，我们不用时刻在脑海中过滤未完成的事项，不用再为遗漏工作事项而惴惴不安，把这件消耗精力的差事交给清单，何乐而不为？

清单就像是为我们的大脑建立一张"认知防护网"，减少错误，理清逻辑，特别在我们忙碌和疲惫的时候，大脑不听使唤，此刻，一张明明白白的清单就显得尤为重要。

清单好比是一种贴在办公桌上的便利贴，提醒你还有什么事情要做。无论你是医生，还是飞行员，都要按照各自领域里的清单，从前到后地逐项完成。这看上去有点按部就班，没有科技含量，却能帮助我们正确完成工作。

不要因为补短板，而丢掉自己的长板

《现在，发现你的优势》| 作者：[美]马库斯·白金汉

网上有个段子：有文身的都怕热，因为他要露出来给你看；戴金表的都没兜，为了要显摆；镶金牙的都爱笑，也是为了让你看到。

虽然是玩笑，但确实每个人都渴望被关注被发现。与其被动等待，不如主动阅读，从一本好书发现自己的优势。

很久以来，我们一直被灌输的一个理念是弥补自己的劣势，才能取得成功，也就是所谓的补短板。于是，太多人用了太长时间去补自己的短板，到头来反而忘了自己的真正优势是什么。

世界知名公司盖洛普进行的一项长达 50 年、基于 200 万人的研究发现的结果是：无论对于个体还是组织，虽然成功的道路千万条，但是，这些成功的个体和组织大都遵循了一个原则，就是将自身的优势发挥到了极致。书中说，优势有四个标签：成功、直觉、成长、需求，其中有三个来自个体感受。

俗话说，感觉好才能做得好。当你沉浸专注在某件事情中，你才能够调动出更积极更热情的态度，让自己更投入地去探索，去努力，去行动。

幸福是一种嘴角上扬的人生力量

《幸福的方法》| 作者 :[美]泰勒·沙哈尔

作者沙哈尔把"幸福"从一个抽象的名词变成"可以定义、实验、练习的科学"。在他看来，幸福应该是"快乐与意义的结合"。

幸福是一种能力，是一种在现代社会不可或缺的能力。

我觉得与其培养学会如何幸福，不如学会如何感知幸福，因为幸福真的很简单，唾手可得。核心是你要去感知它，当幸福到你身边的时候，你要报以感恩，报以微笑。

这本书的英文版名字包含一个英文单词：Happier。在作者看来，幸福是一个永远在进行中、永远存在改变空间的事物，而不是或是或非的选择题。

所以说，幸福没有终点，它是一个又一个满足的延续，就像生活中的一个又一个目标，它只是一个阶段的顶点，需要持续地征服，人生就是一个不断地翻山越岭的过程，只是有的人在路上接受内卷，安于佛系，而有的人不断地越过沟坎，一路高歌，最终抵达了幸福的彼岸。

阅读的美好与疗愈

《蛤蟆先生去见心理医生》| 作者 :[英]罗伯特·戴博德

每个人生下来都是王子，却被周围的环境变成青蛙。心理治疗的目的，就是让青蛙变回王子。

本书取材自英国经典童话《柳林风声》，将心理咨询和治疗过程的情景，放在动物主角身上。

蛤蟆先生一直生活在父母的影响之下，按照父母的意愿生活，很少展现真正的自我，一直处于外表强大、内心压抑的状态。

其实，这种状态在现实中很常见。我们如何才能认识并展示真正的自我，如何才能克服这种自我压抑的心理感觉？这本书就会提供答案。

第一次咨询，蛤蟆先生问苍鹭咨询师："你认为我会好起来吗？"

苍鹭说："蛤蟆先生，如果我不相信每个人都有能力变得更好，我就不会做这份工作了。"

药物可以治身体的病，好书却可以治愈心里的病。其实，阅读本身就是一堂很赞的压力管理课，阅读有时候是给自己找一个心理咨询师，或者树洞，或者一个心灵的秘密教堂，在这里去倾诉，去祈福，与作者对话，与文字交流。

积极心理学之父如何看待原生家庭？

《认识自己，接纳自己》｜作者:［美］马丁·塞利格曼

塞利格曼博士，曾任美国心理协会主席，公认的积极心理学之父。他有个重要的观点："很多心理学家都在努力帮助病态的人减少痛苦，而我的志向是要让幸福的人更加幸福。"

现在流行原生家庭说，有的人会把自己的挫败，归因于童年和父母。

塞利格曼博士说："童年的遭遇，甚至是创伤，对人的影响并没有我们想象的那么夸张，成年之后的很多人格特质，依然是可以

发生改变的。童年的创伤和教养方式，对成年后生活的影响非常小。如果你非要怪你的父母，你只能怪他们遗传给你的基因，你不能责怪他们养育你的方式。"

看到这段话，作为妈妈，我也松了一口气，无论好坏，原来父母对孩子的影响没有想象中那么大，人生的路，孩子毕竟要自己去走。

作者在书中不断强调，一个人的成长，某些特定因素也许重要，但是最终能够决定你的命运和表现的，是你自己。

所以，塞利格曼博士建议："如果你决定去改变，但是不知道从何做起，那么，你应该选择困扰你最深的一个问题，开始行动。"

活在当下，爱在当下

《当呼吸化为空气》｜作者：［美］保罗·卡拉尼什

《当呼吸化为空气》是美国作家、医学博士保罗的绝笔之作。作者本是一位很有前途的名医，突遭肺癌侵袭，从一个和死神做对手的医生，一下子变成了和死神同行的病人。

在确诊自己患肺癌后，保罗开始回顾自己的人生，向读者展现了一个医生、丈夫、父亲的所思所想、所作所为。他没有把自己描述成为一个向死而生的伟岸形象，而是展示了自己对死亡的畏惧，对家人的深深眷恋。

保罗医生住院、化疗，忍受无尽的痛苦，清晰地聆听着死亡愈来愈近的脚步声。正因为他是职业医生，更加知道肺癌如何一步步恶化。

知道自己时日无多，保罗曾多次追问主诊医生，自己的生命期限，可是他的医生只是说："我说不出确切时间，你得自己去发现什么东西对你最重要。"

保罗做出一个决定，重回手术室。当他手持手术刀时，那个气度非凡的外科医生又回来了，余生的两年，保罗竟然有一半的时间还在工作，在和他的患者在一起。人生的长度无法自己决定，却可以决定活在当下，爱在当下。

《最好的告别》也是一本叩问生死、惜别生命的好书。同时，我还推荐果麦文化出品的《夏摩山谷》，这是庆山（安妮宝贝）的转型之作，一本写爱与轮回的好小说。

有一种惬意叫普罗旺斯

《普罗旺斯的一年》| 作者：［英］彼得·梅尔

作为麦迪逊大道的一家广告公司的高级主管，彼得·梅尔厌倦了写字楼的繁忙与浮华，携妻及爱犬告别了雾气迷蒙、漫长灰暗的伦敦，1987年隐居到了法国南部的普罗旺斯。

这里阳光明媚、天色蔚蓝，梅尔购置了一座古宅，勤学法文，向过去的一切说再见，悠闲自得地生活。

一栋农舍，一片葡萄园，一颗逃离都市的灵魂，梅尔在普罗旺斯寻觅到久违的安宁，他用雅致而幽默的文字，记下这十二个月的自在和喜悦。

作品一出版便获如潮好评，"普罗旺斯"由此成为闲适生活的代名词。假如你有幸去过普罗旺斯，那么此后一生它都与你同在。

同时推荐英国记者海伦·拉塞尔的《丹麦一年》，一边是法国的闲适，一边是北欧的幸福，你更心仪哪一种生活方式呢？

夸孩子的正确姿势

《关键教养报告》｜作者：［美］波·布朗森［美］阿什利·梅里曼

教育孩子的方式有无数种，但是正确的教养观念只有一种。

本书通过报告文学和典故案例的方式，一次性披露近十年来儿童发展研究领域的无数惊奇发现，涵盖年龄层从一岁到十八岁。

书中讲了这样一个故事，天才儿童托马斯是一个智商很高的孩子，他从小就不断听到"你很棒""你是个天才"的表扬。但是，托马斯长大后却变得保守，拒绝不擅长的事情，拒绝变化，做事没有耐心，有始无终。

我们总是认为不断赞美能保护孩子的天赋，让他们表现得更好。可事实并非如此，过度的表扬让孩子惧怕失去聪明的光环，害怕失败，不敢尝试、挑战新的东西，就像托马斯一样。

过度的表扬会扭曲孩子的行为动机，他们会为了得到表扬而去做事。比如做家务，很多人为了培养孩子的劳动习惯，会以金钱为奖励，鼓励孩子去做。结果孩子做什么都是为了钱，完全忘记奖励的真正意义。

我们究竟该如何表扬孩子呢？首先夸孩子要真诚，要具体、明确。比如孩子正在备考英语月考，你可以夸孩子英语字母写得很工整；又比如孩子打了一场比赛，你可以夸孩子球传得很稳。所以，夸孩子也有窍门，需要让孩子们知道，他们是因为做了什么而得到表扬。

从此带娃游览博物馆不求人

《写给大家的西方美学史》｜作者：蒋勋

网上曾流传一个段子：人为什么要读书？

举个例子，当你看到湖面上纷飞的鸟群，你脑海里想到的是：兴尽晚回舟，误入藕花深处。争渡，争渡，惊起一滩鸥鹭。而不是：这些鸟好肥，真好看。

这虽然是调侃，却道出了文学的价值——培养生活中发现美的能力，也便是常说的生活美学。

如果说现代对美学最敏感的人，必定要说到一个人，那便是蒋勋。

睿宝一年级时，我们在意大利佛罗伦萨的美术馆，她问我："妈妈，这个人是谁？那幅画什么意思？"我完全无法解答，博物馆里有太多希腊神话和宗教故事，而当时的我一无所知。

于是我恶补了蒋勋先生的美学系列，其中最为激赏《写给大家的西方美学史》，看后脑洞大开，从此带娃游览博物馆不求人。

开心的是，2017年，我去台湾参加游学课程，见到了我的文化男神蒋勋老师。先天认知不足，靠后天读书。我真的要感谢蒋勋老师，让我重新拾起信心，因为他说："美，无处不在。所有的美，美术、艺术、绘画，其实都是来自自然和生活。"

蒋勋老师的系列丛书，我都很喜欢，美学保证，大家风范，读者朋友们可以从中任意挑选。

中国父母教育孩子必读的实用书

《好妈妈胜过好老师》|作者：尹建莉

《好妈妈胜过好老师》是教育专家尹建莉的教子手记。

市场上的亲子书很多，现在看来，《好妈妈胜过好老师》依然是带娃必备的实用书。

书中给出许多简单而又实用的操作办法，理论和实践完美结合，是家长们最实用的工具书。《好妈妈胜过好老师》不但告诉你怎么提高孩子成绩，而且告诉你怎么教孩子做人，教你怎么培养一个自觉、自强、自立的孩子。

家庭是孩子最基本的生活和教育单位，妈妈是这个教育单位里的老师。妈妈的一言一行、一举一动，都有可能成为孩子的效仿源。无数事例证明，孩子最初的行为习惯都是从妈妈身上学来的。因此，妈妈要特别重视榜样对孩子的巨大影响作用，时时处处为孩子树立好的榜样。

我还推荐教育专家小巫的《接纳孩子》。如果《好妈妈胜过好老师》是谈孩子学习的，那么《接纳孩子》是更基础的，是关于学前和心理的。本书帮助你洞察孩子的心理，与孩子有效沟通，陪伴孩子快乐成长。

孩子学画前，一定要看看这本书

《培养孩子从画画开始》|作者：［日］鸟居昭美

画画对孩子有那么重要吗？如何引导孩子通过绘画，释放情绪、表达自己的情感？要不要让孩子去上绘画培训班？怎样通过画画培养孩子的创造力和想象力？

《培养孩子从画画开始》是日本著名儿童教育专家、画家鸟居昭美的经典著作。作者在幼教领域积累了五十余年丰富的实践经验，他结合典型案例，通过朴实亲切的语言，深入浅出地分析孩子自然绘画所隐藏的宝贵信息。

作者认为，无论是谁，都拥有与生俱来的绘画能力，这种能力在一个人的成长过程中自然地习得。一岁的孩子有一岁的能力，三岁的孩子有三岁的能力，我们要保护孩子的这个能力，而不是自以为是地去教孩子如何画画。

书中有很多教育金句，比如说："孩子的画是用来听的，让孩子来解释自己的画。我们的原则是，孩子专心画画的时候，最好不要发问。"

又比如："无论是谁都拥有与生俱来的绘画能力，这种能力是在幼儿成长过程中天然的能力。最具代表性的拔苗助长行为有：教孩子画形象画，画形象给孩子看，指导孩子用色，让孩子全部涂满颜色等等。"

这本书，拿在手里就很美好
《民国老课本》

如何让孩子爱上阅读？很多专家有很多经验和技巧，我更愿意聊聊阅读的品质这个话题。

我首推《民国老课本》，这套书是我们可以和孩子一起学习的。

不要说读，拿在手中，都会觉得美好。

有的朋友问我："你怎么可以读那么多书？"其实真的不是逼迫自己，而是当你遇见这些这么美好的书，你会爱不释手，舍不得放下，你会忍不住想读下去。因为每一个字、每一个词，都让你感觉生活真美好。

为什么我们倡导父母要多读书，读好书？

很多父母头疼孩子不爱读书，抱怨孩子沉不下心来读书，其实仔细想想，我们做父母的可有做好榜样？

父母的言传身教，对孩子有着无可替代的作用，一个从小和父母一起读书的孩子，长大后必定不同寻常。

读书，本就是提高自身修养的最佳方式，父母的修养直接影响到孩子的教养。我在网上看到过一段话，与读者朋友们分享：

读书与不读书的人，在每天看来没有任何区别；在每月看来差异也是微乎其微；在每年看来差距虽然明显，但好像也没什么了不起的；但5年后再看的时候，那就是身体和精神状态的巨大分野。等到了10年再看的时候，也许就是一种人生对另一种人生不可企及的鸿沟。

献给爱读书的每一个人。

认知未来的自己
管理当下的关系

产品经理 | 张　幸　　　装帧设计 | 肖　雯
营销经理 | 李　洋　　　技术编辑 | 顾逸飞
　　　　　滑麒义　　　执行印制 | 陈　金
监　　制 | 何　娜　　　出品人 | 王　誉

图书在版编目（CIP）数据

认知未来的自己　管理当下的关系 / 杨晓燕著 . --
成都：四川文艺出版社，2021.8（2021.8 重印）

ISBN 978-7-5411-6084-4

Ⅰ . ①认… Ⅱ . ①杨… Ⅲ . ①自我管理 Ⅳ .
① C912.1

中国版本图书馆 CIP 数据核字（2021）第 137408 号

RENZHI WEILAI DE ZIJI
GUANLI DANGXIA DE GUANXI

认知未来的自己　管理当下的关系
杨晓燕　著

出 品 人　张庆宁
责任编辑　陈雪媛
装帧设计　肖　雯
责任校对　汪　平
出版发行　四川文艺出版社（成都市槐树街 2 号）
网　　址　www.scwys.com
电　　话　028-86259287（发行部）　028-86259303（编辑部）
传　　真　028-86259306
印　　刷　天津丰富彩艺印刷有限公司
成品尺寸　145mm×210mm
开　　本　32 开
印　　张　6.5
印　　数　30,001-50,000
字　　数　100 千
版　　次　2021 年 8 月第一版
印　　次　2021 年 8 月第三次印刷
书　　号　ISBN 978-7-5411-6084-4
定　　价　49.80 元